Religiosität und Modernität

Reihe « Neweschtar » bei deux mondes

Herausgegeben von Seyfeddin Najmabadi
Universität Heidelberg

Seyed Mohammad Khatami

Religiosität und Modernität

2001
deux mondes

Die Deutsche Bibliothek — CIP-Einheitsaufnahme

Ḥātamī, Muḥammad:
Religiosität und Modernität / Seyed Mohammad Khatami. -
Edingen-Neckarhausen ; Heidelberg : deux mondes , 2001
   (Reihe « Neweschtar »)
   ISBN 3-932662-05-9

© 2001 deux mondes
Verlag und Versandbuchhandlung
Martin Schmidt
Tel./Fax ++49-(0)6203-16983
vertrieb@deuxmondes.de
Umschlaggestaltung: GrafikPrintService Ladenburg
Druck: Köcher Druck GbR, Köln

Inhaltsverzeichnis

Zum Geleit..7

1. Weimarer Gespräch................................ 9
von Präsident Seyed Mohammad Khatami
und Bundespräsident Johannes Rau
am 12. Juli 2000 im Schloss zu Weimar

2. Ansprache bei der Einweihung des
Goethe- und Hafisdenkmals 53

3. Der Glaube in der heutigen Welt..................57
(Übersetzt von Seyfeddin Najmabadi
und Siegfried Weber)

4. Tradition, Modernisierung
und Entwicklung 83
(Übersetzt von Seyfeddin Najmabadi
und Siegfried Weber)

Zum Geleit

Auf den ersten Blick erscheinen dem heutigen Menschen Religion und Moderne fast unvereinbar und sogar in der Verbindung undenkbar. Denn die Religion ist das geistliche und geistige Erbe der vergangenen Jahrtausende (Tradition), und in der Moderne scheint es keinen Platz für die traditionelle Geistigkeit mehr zu geben.

In den folgenden Beiträgen versucht Seyed Mohammad Khatami, Staatspräsident der Islamischen Republik Iran, auf der Grundlage seiner umfangreichen Kenntnisse in Theologie und Mystik, Allgemeiner Religionswissenschaft und Soziologie dieses schwierige Feld zu behandeln.

Dieser Versuch ist wohlgelungen.

Der Herausgeber.

Weimarer Gespräch

von Präsident Seyed Mohammad Khatami und
Bundespräsident Johannes Rau
am 12. Juli 2000 im Schloss zu Weimar

TEILNEHMER:

Seyed Mohammad Khatami, Präsident der Islamischen Republik Iran

Johannes Rau, Präsident der Bundesrepublik Deutschland

Professor Josef van Ess, Tübingen

Professor Hans Küng, Tübingen

Weimarer Gespräch

EINLEITENDE WORTE VON BUNDESPRÄSIDENT RAU:

Herr Präsident, Herr Professor Küng, Herr Professor van Ess,

herzlich willkommen zu diesem Gespräch im Schloss in Weimar. Es ist ein ungewöhnlicher Abschluss eines offiziellen Besuches, dass der Präsident des Iran an einem Gespräch teilnimmt, in dem es um das Verständnis und das Verhältnis zwischen unseren Völkern und Religionen, zwischen unseren Lebensweisen und Lebensentwürfen geht.

Wir haben in diesen Tagen oft gesagt, dass wir durchaus wissen, dass der Iran und der Islam ihre Aufklärung gehabt haben. Ohne sie hätte es die Aufklärung in Deutschland nach dem Mittelalter nicht gegeben; bestimmte Schriften griechischer Philosophen sind erst zwischen dem neunten und dem elften Jahrhundert durch islamische Gelehrte bei uns bekannt geworden.

Wir haben von verschütteten Quellen miteinander gesprochen. Was wir jetzt miteinander bereden, ist nicht irgendein Glasperlenspiel unterschiedlicher Kulturkreise, sondern das sind Fragen, die uns in unseren Städten, in unserem Land bewegen – einem Land, in dem mehr als drei Millionen Muslime aus unterschiedlichen Richtungen des Islam leben.

Wir erleben eine Globalisierung in der Welt, die längst nicht mehr nur Güter, nicht nur Kapital, nicht nur Dienstleistungen umfasst, sondern die ein stückweit in das Leben von Menschen eingreift.

Da ist die Frage, wo es Orientierung gibt, wie sich persönlicher Glaube, wie sich religiöse Tradition mit Toleranz verträgt, wie wir vermeiden, dass aus Toleranz Beliebigkeit wird.

Deshalb sind wir froh darüber, in Ihnen, Herr Präsident, einen Menschen unter uns zu haben, der in den letzten Jahren verstärkt deutlich gemacht hat, dass es den Dialog der Zivilisationen, der Kulturen, der Religionen geben muss und dass man sich dabei selber in Frage stellen muss: dass man nicht glauben darf, man habe alle Weisheit bei sich, und diese Weisheit sei ein für allemal gesichert.

Darum sprechen Sie davon, dass Traditionen absterben, wenn sie nicht mehr lebendig, nicht auf die Zukunft gerichtet sind.

Wir möchten von Ihnen heute etwas darüber hören, wie Sie sich eine solche tolerante Welt vorstellen, in der die verschiedenen Glaubenswelten des Islam und des christlichen Abendlandes zusammen leben, wie Sie sich den Dialog vorstellen und wie wir Denken, Glauben und Leben zueinander bringen.

Diesen Dialog führen Sie als Muslime, wir als Christen, er wird aber auch von Menschen geführt, die sich weder zu den Muslimen noch zu den Christen rechnen, die von anderen möglicherweise als Agnostiker bezeichnet werden.

Wir danken Ihnen für die Bereitschaft zum Gespräch, und wir danken Ihnen auch für die Bereitschaft zum Zuhören. Ich bin sehr dankbar dafür, dass sich Herr Professor Küng und Herr Professor van Ess zu diesem Gespräch zur Verfügung gestellt haben.

Wir wollen zuerst den Gast bitten, seine Position darzustellen, die wir dann miteinander befragen, diskutieren und zu bewerten versuchen wollen. Ich bitte unsere beiden Gesprächspartner, Herrn van Ess und Herrn Küng, zuzugreifen, nach dem Motto: „Heute hat sie der Herr in unsere Hand gegeben". Dann wollen wir sehen, ob das Gespräch Konturen gewinnt und ob wir alle als Gewinner nach Hause gehen. Bitte, Herr Präsident Khatami, Sie haben das Wort.

PRÄSIDENT KHATAMI:

Im Namen des barmherzigen und gnädigen Gottes

Sehr geehrter Herr Präsident,
meine sehr verehrten Damen und Herren,

für mich ist die Anwesenheit im Kreise der Denker und Kulturschaffenden stets ein Vergnügen. Doch dieses Treffen, das mit der besonderen Stellung des Denkens und der Kultur Deutschlands und dem hervorragendem Symbol Weimar in Zusammenhang steht, hat eine andere, unvergessliche Qualität.

Vor mehr als einem Jahr habe ich an der Universität Florenz von einer Notwendigkeit in unserer Welt gesprochen, die ich heute aus einer anderen Perspektive behandeln möchte. Dort habe ich gesagt, dass der Dialog der Zivilisationen und Kulturen ein Begriff ist, der durch das stetige Bemühen entstanden ist, sich der Wahrheit zu nähern und zu einer Verständigung zu gelangen. Der Dialog ist die Logik des Sprechens und des Hörens. Er hat weder mit den Skeptikern zu tun, die nicht glauben, dass es eine Wahrheit gibt, noch mit denen, die glauben, im Besitz der Wahrheit zu sein. Aus diesem Grunde bedarf der Dialog der Kulturen des Zuhörens gegenüber anderen Kulturen und Zivilisationen.

Die heutige Welt ist auf der Suche nach einer neuen Grundlage für die Regelung menschlicher und gesellschaftlicher Beziehungen. Diese Grundlage ist nach unserer Ansicht der Dialog, in dem Ost und West keine Objekte der Erkenntnis, sondern Gesprächspartner sind. Dialog im Sinne einer klaren geographisch-kulturellen Kenntnis der Welt, des kritischen Blicks auf sich und andere, des Bemühens, das Erbe der Vergangenheit zu wahren und gleichzeitig nach neuen Erfahrungen zu suchen. Es geht um den Dialog über die Notwendigkeiten und Bedürfnisse des Menschen im Kontext des heutigen und des morgigen Lebens. Für einen wirklichen Dialog zwischen den Zivilisationen und Kulturen müssen neue Türen aufgestoßen werden, um die Realitäten der Welt zu erkennen und neue Einsichten in die östliche und westliche Welt zu gewinnen.

Die grundlegende Frage ist, wie ein gemeinsamer Aussichtspunkt für das Sehen, ein gemeinsamer Ort für das Hören und eine gemeinsame Sprache für das Sprechen gefunden werden können. Hinter trüben Scheiben, mit tauben Ohren und in fremden Sprachen kann man keinen Dialog führen. Wir müssen auf der Grundlage unserer östlichen und westlichen Herkunft und über den engen Rahmen der Sprachregelungen und professionellen Parolen der internationalen Begegnungen hinaus miteinander reden. Dialog ist vor allen Dingen die Suche nach einem mitfühlenden und vertrauensvollen Kontakt. Im gemeinsamen weltweiten Bemühen um die geistige Entfaltung und die materielle Entwicklung des Menschen werden die west-östlichen Verständigungsschleier immer dünner.

Dies bedeutet natürlich nicht, dass die Kulturen assimiliert, aufgelöst und ihre Vielfalt und Unterschiede aufgehoben werden können. Die Menschen aus dem Orient und Okzident können trotz der Parallelität ihrer Kulturen verschiedene Geschöpfe sein, die einander ergänzen und sich im tiefen Bewusstsein mit ihrer angestammten Heimat verbunden fühlen. West und Ost sind nicht nur geographische Gebiete, sie sind auch Weltanschauungen und Seinsweisen. In einem wirklichen Dialog kommt, indem man diese Potenziale, Identitäten und Einstellungen in Ost und West anerkennt, der den Parteien gebührende Anteil am Gespräch zur Geltung. Jeder Partner kann seine höheren Werte herausstellen, und man kann für die sich wandelnde Welt eine gemeinsame menschliche Essenz zwischen Materialität und Spiritualität suchen.

Es besteht kein Zweifel, dass im Dialog der Kulturen die Gelehrten und Denker eine wirksame Rolle spielen. Wissenschaftler, Künstler und die geistige Elite sind die hörenden Ohren und sprechenden Zungen des Volkes und Repräsentanten seines geistigen Lebens. Sie können neue Horizonte für den Dialog zwischen Ost und West öffnen.

Weimarer Gespräch 15

Gestatten Sie mir, diese Stadt und diesen Kreis zum Anlass zu nehmen, um das Thema an einem Beispiel zu erläutern. Den Anlass für unser Gespräch bietet ein Wendepunkt in der Geschichte des Gedankenaustauschs zwischen dem Orient und dem Okzident und zwischen Deutschland und dem Iran. Dieser Wendepunkt ist die Veröffentlichung des „West-östlichen Divans" von Goethe im Jahre 1819. Goethe hat im Titel dieses Buchs nicht nur das besonders bedeutsame Wort *Diwan* als Zeichen für den Orient benutzt, sondern auch den arabischen Titel „Östlicher Diwan des westlichen Autors" für diese Gedichtsammlung gewählt. Dieser Titel ist in gewissem Sinne noch ausdrucksstärker als der deutsche. Mehr noch als das Interesse des Verfassers an den geheimnisvollen Ländern des Orients, ihrer Sprache und Kultur zeigt der Titel, dass der große deutsche Dichter Ost und West nicht nur als zwei geographische Regionen, sondern als zwei philosophische und kulturelle Pole der Welt begreift und versucht, als westlicher Dichter mit dem Orient, insbesondere mit dessen Geistes- und Kulturgrößen, in Dialog zu treten. Die iranische Kultur und einige ihrer hervorragenden Vertreter haben in dieser Vorstellung Goethes eine besondere Stellung.

Hafis ist ein Symbol islamisch-iranischen Denkens und seiner Identität. Er ist „die Sprache des Übersinnlichen". Er hat ein sicheres inneres Verhältnis zum Koran und zu Offenbarungswahrnehmungen. Seine Wahrnehmung und sein Gefühl widerspiegeln das Übersinnliche an unserer Kultur. Er ist der Meister des Übersinnlichen, des Verborgenen. Daher spielt er in unserem Alltagsleben die Rolle des Weissagers.

Jeder Iraner entdeckt in Hafis einen unentdeckten Teil seines kulturellen Gedächtnisses. Goethe hat sogar durch die Schleier der Annäherungsübersetzungen „die Sprache des Übersinnlichen" verstanden und sich zu ihr in Beziehung gesetzt. Dies zeugt natürlich von Goethes Genie. Es ist aber auch ein Beispiel für das richtige Ziel und den entsprechenden Weg im Dialog der Kulturen, der Zivilisationen und der Völker.

Der große persischsprachige Dichter Iqbal aus Lahore hat im Jahre 1923 in seinem Gedichtband „Botschaft des Ostens" den Gruß Goethes an den Osten beantwortet. Iqbal wurde auf dem indischen Subkontinent geboren und verbrachte sein ganzes Leben außerhalb der geographischen Grenzen des Iran. Er fühlte sich trotzdem mit der iranischen Kultur verbunden und dichtete in Persisch. Iqbal wusste genauso gut wie Goethe, dass der Dialog mit dem „Anderen" keine Anpassung bedeutet, sondern mit der Wahrnehmung der Unterschiede, ihrer Akzeptanz und der Kreativität ihrer Auswahl beginnt. Iqbal lebte zwar im kolonialisierten Indien und war, wie er sich ausdrückte, aus der „toten Erde" gewachsen, doch verkürzte er die westliche Kultur nicht auf ihren kolonialistischen Aspekt. Aus seiner Sicht war der Westen, ungeachtet dessen, ob man ihn ablehnte oder akzeptierte, die Heimat der Denker wie Schopenhauer, Nietzsche, Tolstoi, Hegel, Marx, Byron, Comte, Einstein, Petöfi, Locke, Kant und Browning. Er brachte sie mit den großen Denkern des Ostens wie Rumi und Hafis ins Gespräch und versuchte auf diesem Wege, gleichermaßen die Unterschiede und die Anknüpfungspunkte zwischen der westlichen und östlichen Denkweise aufzuzeigen. Diese Zwiesprache zwischen Goethe und Hafis bzw. Iqbal ist ein hervorragendes Beispiel für den wirklichen Dialog zwischen den Kulturen und Zivilisationen.

Dieser Dialog wird nicht nur zur Befriedigung der wissenschaftlichen Neugier geführt. Er ist auch zur Aufdeckung der Wahrheit und zum verständnisvollen Zusammenleben notwendig. Nach Ansicht von Hafis ist der Krieg die Folge von Wahrheitsblindheit.

> Wirf den zweiundsiebzig Sekten
> Nimmer ihr Gezänke vor:
> Weil sie nicht die Wahrheit schauen,
> Pochen sie ans Märchentor.

Goethe sieht die neue Welt so, dass er sagt:

> Wer sich selbst und andere kennt,
> Wird auch hier erkennen:
> Orient und Okzident
> Sind nicht mehr zu trennen.

Glücklicherweise haben viele westliche Denker bewiesen, dass die Erkenntnisse in Bezug auf Mensch und Natur unterschiedlich sind. Die Mitmenschen kann man nicht wie die Objekte der Natur als Dinge betrachten. Wenn der Mensch erkannt werden soll, bedarf man einer anderen Art der Erkenntnis, die man als Verstand bezeichnen kann.

Iranische und islamische Denker haben eine weitere Botschaft, und sie lautet: Die Erkenntnis des „Anderen" geht mit der Selbsterkenntnis einher. Die Erkenntnis des Anderen macht uns bewusster über uns selbst, und die Selbsterkenntnis verstärkt wiederum unsere Erkenntnis über das Andere, denn in der Welt der Menschen gibt es im Gegensatz zur Welt der Dinge kein absolutes „Anderssein". Solange wir die anderen menschlichen Wesen als „absolut anders" sehen und sie als materielle Objekte betrachten, können wir nicht zu einer Erkenntnis mit Verstand – die im Bereich der menschlichen Erkenntnis liegt – gelangen.

Aus diesem Blickwinkel können viele Hauptprobleme unserer Zeit in neuer Sicht betrachtet werden. Das Verhältnis zwischen Moderne und Tradition, Freiheit und Gerechtigkeit, Religion und Demokratie, Spiritualität und Fortschritt gehört dazu.

In vielen östlichen und westlichen Gesellschaften tritt heute der Diskurs „Moderne und Tradition" mit allen seinen Voraussetzungen und Notwendigkeiten an die Stelle des Diskurses „Orient und Okzident" aus der Zeit von Goethe und Iqbal.

Der Gegensatz zwischen Tradition und Moderne, der eher eine kulturelle und zivilisatorische Bedeutung hat, ist im Vergleich zum Gegensatz zwischen Ost und West, der hauptsächlich politisch gemeint ist, das wichtigere Thema in unserer Zeit.
Einst sagten die propagandistischen Dichter der Kolonialzeit wie Rudyard Kipling in dichterischer Sprache: „Ost ist Ost, West ist West, sie werden nie zueinander kommen".

Der Glaube an eine monopolare Welt und das Aufgehen aller Kulturen und Zivilisationen der Welt in einer herrschenden Kultur ist eine andere Variante dieser ethnozentrischen und fanatischen Sichtweise. Auch damals sprachen die Denker des Dialogs eine andere Sprache. Goethe dichtete: „Gottes ist der Orient, Gottes ist der Okzident". Iqbal schmückte die erste Seite seiner „Botschaft des Ostens" mit dem Koranvers „Gottes ist der Osten und der Westen", um die Inspirationsquelle des deutschen Dichters zu zeigen.

Beide Dichter wollten den Ort zeigen, an dem der Osten und der Westen zueinander finden. Dieser gemeinsame Ort ist der göttliche Ursprung aller Menschen. Das Gefühl des Andersseins, das der Osten und der Westen füreinander haben, wird nur dann aufgehoben, wenn beide sich nicht als eine absolute Erscheinung betrachten, sondern sich im Verhältnis zum Anderen und beide im Verhältnis zu diesem gemeinsamen Ursprung sehen. So können Ost und West einander vervollkommnen.

Wie ich im vergangenen Jahr bei der UNESCO erklärt habe: „Wenn der Dialog ein neues Kapitel in den Beziehungen der Weltgemeinschaft sein soll, so muss er von der Phase der negativen Toleranz in die Phase der gegenseitigen Hilfe eintreten. Kein Volk der Welt kann mit irgendeinem philosophischen, politischen und wirtschaftlichen Argument an den Rand des Geschehens geschoben werden. Man muss die Anderen nicht nur tolerieren, man muss mit ihnen auch zusammenarbeiten."

Heute möchte ich jenes historische Beispiel und die heutige Notwendigkeit nutzen, um zu sagen: Solange Tradition und Moderne sich als absolut betrachten und sich selbst als das absolut Gute und die Anderen als das absolut Böse bezeichnen, solange können sie weder sich selbst noch das Andere erkennen. In unserer Welt ist die Kritik der Tradition ebenso unvermeidbar wie die Kritik der Moderne. Doch die Kritik der Tradition ist nicht ohne Kenntnis der Tradition, und die Kritik der Moderne nicht ohne Kenntnis ihrer Grundlagen und Ansätze möglich.

Glücklicherweise belegt die deutsche Geistesgeschichte erfolgreiche Ansätze bei der Betrachtung der Tradition und der Moderne. Die deutschsprachigen Denker haben nicht nur auf dem Gebiet der Theologie, des Verständnisses der Religion und der religiösen Tradition neue Horizonte geöffnet. Der Entwicklungsprozess des modernen Denkens in Deutschland war darüber hinaus hauptsächlich mit dem Streben nach einer Erklärung seines Verhältnisses zur Tradition und nach dem Angebot einer umfassenden Sicht gepaart, die Tradition und Moderne in sich aufnimmt und ihren Gegensatz aufhebt.

Die historische Richtung des Denkens in Deutschland führte dazu, dass die deutsche Philosophie stets einen kritischen Ansatz hatte. Dass diese Kritik nicht nur die Tradition, sondern auch stets die Moderne einbezog, war die Quelle dieser großen geistigen Hinterlassenschaft. Wichtige Strömungen der Kritik der Moderne haben ihren Ursprung in diesem Sprachraum, obwohl auch sie die Betrachtung der objektiven Fragen und Bedürfnisse der Zeit nicht vernachlässigen. Diese Ansätze und Erfahrungen können für die heutige Welt wegbereitend sein, denn wir können uns weder der Tradition noch der Moderne unterwerfen, aber auch nicht die eine der anderen opfern.

Die Erfahrung der Islamischen Revolution im Iran hat ein neues Kapitel in diesem Bereich aufgeschlagen. Die neue religiös-gesellschaftliche Ordnung wurde im Iran etabliert, um auf die sich immer erneuernden Bedürfnisse und Fragestellungen des heutigen Menschen Antworten zu finden. Der Revolutionsführer, Imam Khomeini, bestand sowohl auf der Erhaltung der Grundlagen der Religion als auch auf der Rolle des Volkes in der Gesellschaftsordnung. Das ist eine Lösung, die im heutigen Iran als Experiment erprobt wird: die Etablierung der Volksherrschaft im Einklang mit den traditionellen geistig-religiösen Grundlagen der Gesellschaft und gleichzeitig mit der Entwicklung einer modernen Zivilgesellschaft.

Diese Lösung kann einerseits den Islam aus dem Engpass der versteinerten und rückwärtsgewandten Ansichten befreien und andererseits den wahren Islam vor Eigensinnigkeiten und Isolationssucht schützen. Reformen im Iran sind Bestrebungen nach Verwirklichung von Freiheit, Gerechtigkeit und Volksherrschaft im Einklang mit der Religion. Bei diesem Experiment brauchen wir die Zusammenarbeit aller Denker und Gesellschaften, die den Dialog und die Verständigung suchen und hoffen, dass diese Bemühung zur Aufwertung der internationalen Dialoge und Beziehungen und zur Schaffung einer Welt ohne Gewalt, Diskriminierung und Vorherrschaft beitragen.

Ich danke Ihnen sehr herzlich für Ihre Aufmerksamkeit!

BUNDESPRÄSIDENT RAU:

Herzlichen Dank, Herr Präsident. Ich halte jetzt nicht auf, sondern gebe das Wort an meine beiden Gesprächspartner.

PROFESSOR VAN ESS:

Exzellenz, Sie haben den Dialog der Kulturen als ein Instrument zur Annäherung an die Wahrheit bezeichnet. Das ist richtig; aber man muss hierbei sehr viel Gewicht legen auf das Wort *Annäherung*. Ein Dialog wird nicht sofort zur Erkenntnis der Wahrheit führen. So wird er ja auch nicht definiert. Wenn wir vom Dialog der Kulturen sprechen, bedienen wir uns im Grunde nur einer Metapher. Kulturen reden nicht selber; was wir meinen, ist vielmehr, dass Menschen über die Grenzen ihrer eigenen Kultur hinaus miteinander reden oder reden sollten. Die Grundintention dabei ist das Verstehen, das gegenseitige Verstehen, ein Begriff, der in der deutschen Philosophie und der Religionswissenschaft eine große Rolle gespielt hat. Das Problem dabei ist dann nicht so sehr die Unwahrheit als das Missverständnis.

Ich kann mir in einem solchen Dialog Missverständnisse der verschiedensten Art vorstellen. Kulturen definieren sich ja nicht so sehr durch Wahrheiten als durch Werte, und man kann sich in den Werten über die Grenze der Kultur hinaus missverstehen. Ich will darauf jetzt noch nicht eingehen; denn viel grundlegender sind im Allgemeinen die rein sprachlichen Missverständnisse. In welcher Sprache soll man denn diesen Dialog führen? Am besten natürlich in der jeweils eigenen Sprache. Das setzt aber einen komplizierten Apparat voraus, die Anwesenheit von Übersetzern; das ist nicht immer der Fall. Jedenfalls können wir den Dialog nicht einfach dadurch globalisieren, dass wir alle Englisch reden; denn wer seine Sprache abgibt, gibt in gewisser Hinsicht auch seine Seele ab. Werte, Begriffe, Gedanken sind sprachlich konditioniert und historisch gewachsen.

Nun ist es leider so, dass Europäer im Allgemeinen keine orientalischen Sprachen können – sehr im Gegensatz zu der sprachlichen Gewandtheit, die wir im Orient vorfinden, wo man meistens Englisch oder Französisch kann, manchmal sogar Deutsch. Sie, Exzellenz, sind dafür ein gutes Beispiel. Ich meine deswegen, es sei uns hier in Deutschland zu wünschen, dass ein paar Studenten mehr sich des Persischen annehmen, so dass jeder aus seiner eigenen Denkwelt heraus reden kann. Ich weiß, dass das seine Grenzen hat, aber man sollte zumindest versuchen, sich in die Sprache und das Denken des jeweils anderen hineinzuversetzen. Wenn wir den Dialog in einer Sprache führen, die uns fremd ist, sind wir sofort benachteiligt. Umgekehrt wird derjenige, der das Glück hat, den Dialog in seiner eigenen Sprache führen zu dürfen, immer berücksichtigen müssen, dass er seine eigene Sprache nicht ganz herrschaftsfrei gebraucht.

PRÄSIDENT KHATAMI:

Erlauben Sie mir, ein paar Sätze zu den guten Ausführungen von Herrn van Ess zu sagen. Im Großen und Ganzen stimme ich ihm zu, auf einige Punkte möchte ich jedoch eingehen.

Ich habe gesagt, über den Dialog könnten wir an die Wahrheit herankommen. Diese Behauptung basiert natürlich auf einem Vorurteil, einer Maxime, die besagt, dass es eine Wahrheit gibt. Wenn wir von Anfang an von der Annahme ausgehen, dass es keine Wahrheit gibt oder die Wahrheit ihrem Wesen nach eine relative Größe ist, dann ist es sinnlos, an die Wahrheit herankommen zu wollen. Eine der Fragen, die man also besprechen sollte, ist die, ob es eine Wahrheit gibt oder nicht. Gewiss ist im Westen viel darüber diskutiert worden. Die Annahme der Wahrheit führt zu der Frage, ob man an die Wahrheit herankommen kann oder nicht. All die bekannten Ansichten, wie z.B. die von Kant, beziehen sich auf den Gültigkeitsgrad unserer Erkenntnis.

Wenn wir an eine Wahrheit glauben und zudem noch davon überzeugt sind, dass dem Menschen ein Anteil dieser Wahrheit zukommt – wie es z.B. in der spirituellen Philosophie und in unserem islamischen Denken und im Orient allgemein der Fall ist –, dann ist das Begreifen der Wahrheit generell möglich.

Ich bin jedoch auch der Meinung, dass der Mensch ein historisches und ort- und zeitgebundenes Wesen hat und ein Teil seiner Auffassungen und Wahrnehmungen diesen variablen Größen unterworfen, also veränderlich ist. Man kann also nicht sagen: Alles, was der Mensch versteht, ist Wahrheit. Aber wenn wir von den zwei Annahmen ausgehen, dass es eine Wahrheit gibt und dass der Mensch generell an sie herankommen kann, dann ist ein auf Verständnis basierender Dialog die richtige Herangehensweise; denn das Hauptziel des Dialogs ist das gegenseitige Verständnis.

Denn gerade das Missverständnis ist ein wichtiger Faktor für die Entfernung von der Wahrheit und natürlich auch eine Ursache dafür, dass selbst verständnisvolle und tolerante Menschen den Weg des Krieges einschlagen. Aber bei unseren auf Verständnis und Ehrlichkeit aufbauenden Gesprächen können wir uns - so glaube ich - der Wahrheit ein Stück nähern.

Ein anderer Punkt, den Professor van Ess angeschnitten hat und dem ich auch zustimme, ist die Tatsache, dass Kulturen mit Werten zu tun haben. Ohne aber auf die Frage eingehen zu wollen, ob Werte aus Wahrheiten abstrahiert werden können oder nicht, bin ich der Ansicht, dass wir Soll-Werte aus Ist-Werten abzuleiten in der Lage sind, jedoch darüber wollen wir jetzt nicht diskutieren.

Auf jeden Fall bin ich davon überzeugt, dass es einen Zusammenhang zwischen Werten einerseits und Realitäten und Wahrheiten andererseits gibt. Wer eine innere Bindung an einen bestimmten Wert hat, der hat vorher eine Überzeugung gehabt: vielleicht nur einen Aberglauben, vielleicht eine überlieferte Gewohnheit, vielleicht handelt es sich aber auch um Wahrheiten, die über Argumentation oder sogar Einsicht und Erleuchtung erlangt worden sind. Es gibt keine Werte ohne jegliche Erkenntnisgrundlagen - Erkenntnis im allgemeinen Sinne ist nicht notwendigerweise vernunftgemäße und philosophische Erkenntnis. Daher ist eine Diskussion über Werte in gewisser Hinsicht eine Diskussion über die geistigen Ursprünge dieser Werte, und es ist nicht ausgeschlossen, dass wir bei der Diskussion über die Kulturen, bei der es hauptsächlich um Werte geht, auch zu den gedanklichen Grundlagen gelangen und die Wahrheit finden.

Das Problem der Sprache ist sehr wichtig. Ein westlicher Denker hat gesagt: „Übersetzen heißt Verraten. Man muss versuchen, den Verrat so gering wie möglich zu halten." Wenn es keine gemeinsame Sprache gibt, wird die Verständigung erschwert, obwohl ich meine, dass in der heutigen Welt auch die sprachliche Verständigung leichter geworden ist: Vor allem in den orientalischen Ländern haben viele Menschen die westlichen Sprachen erlernt. Wir haben allerdings auch Menschen im Westen, die orientalische Sprachen sehr gut beherrschen. Ich weiß, dass es unter den verehrten Anwesenden mindestens drei Personen gibt, die, auch wenn sie Arabisch oder Persisch nicht gerade besser als die Muttersprachler sprechen, doch keine Verständigungsschwierigkeiten in diesen Sprachen haben. Das Erlernen der Sprache der jeweiligen Kultur, mit der wir einen Dialog führen wollen, ist sehr wichtig; eine wertvolle Bemerkung von Herrn van Ess, die seinem wissenschaftlichen und kulturellen Rang entspricht und der ich auch zustimme.

PROFESSOR KÜNG:

Herr Präsident, zuerst einmal möchte ich ein Wort des Dankes sagen und zwar aus einem ganz besonderen Grund.

Sie sind ja das Staatsoberhaupt gewesen, das den Vorschlag gemacht hat, in den Vereinten Nationen das Jahr des Dialogs auszurufen. Das Jahr 2001 wird für die ganze Welt das

Jahr des Dialogs der Zivilisationen sein. Das ist ganz wichtig, aus zwei Gründen:

Erstens: weil wir vermutlich alle auf dem Podium einig sind darin, dass die Thesen von Professor Huntington unrichtig sind. Wir glauben, dass ein „Clash", ein Zusammenprall der Zivilisationen, auf Deutsch also ein Zusammenprall der Kulturen, vermeidbar ist, wenn auch im Einzelnen in einer Stadt, einer Straße, einer Schule, in einer Familie manchmal eine Gefahr bestehen mag. Aber dieser große Zusammenprall, den Huntington in seinem Buch etwa zwischen dem Islam und der westlichen Welt ankündigt, ist eine absurde These.

Das Zweite ist, und das ist mir besonders wichtig: Ihre Stimme hat in den Vereinten Nationen Gehör gefunden, weil sie aus dem Islam kam. Wäre das aus dem Westen gekommen, hätte es praktisch nie eine Übereinstimmung, ein so vollständiges Votum fast aller Mitglieder der Vollversammlung gefunden. Aus dem Islam ist die Stimme für diesen Dialog der Zivilisationen gekommen. Das scheint mir doch ein sehr wichtiges Ereignis zu sein.

Ich freue mich auch, dass Sie das Problem von Tradition und Moderne sehen, und zwar eben in diesem Kontext des Dialogs. Diese Frage ist für alle drei abrahamitischen und prophetischen Religionen gegeben. Wir alle hatten die große Zeit im Mittelalter. Die Tradition, die wir haben, ist im Wesentlichen eine mittelalterliche Tradition. Das gilt für die katholische Tradition ganz besonders, aber auch für das Judentum und auch für den Islam.

Nun haben wir ja die Moderne, und zwar im Widerspruch zu vielem, was die Geschichte gebracht hat. Die Moderne, wie wir sie verstehen, beginnend mit den Philosophen von Descartes bis Kant, aber natürlich auch mit Galilei, den Naturwissenschaften, der neuen Staatsauffassung, der Vision einer Demokratie: Diese Moderne hat im 17. Jahrhundert eingesetzt.

Meine Frage zielt auf Folgendes: Das Christentum wird ja oft gefragt, warum die Moderne gerade im Christentum groß geworden ist. Es hätte ja auch in der islamischen Welt geschehen können. Die Moderne hätte im Buddhismus kommen können, es hätte in Japan oder in China sein können oder eben im Iran. Es ist aber in Europa geschehen.

Ich glaube, ein Faktor, eine andere Umwälzung muss da unbedingt berücksichtigt werden – und nicht nur, weil unser Bundespräsident evangelischen Glaubens ist, sondern weil das einfach die historische Wahrheit ist: Die Moderne wäre in dieser Weise nicht möglich gewesen ohne die Reformation, die ihr vorausgegangen ist.

Die Freiheit eines Christenmenschen war die Voraussetzung für die Freiheit des Individuums, wie es die Moderne gebracht hat mit allem Problematischen, das Sie ja zu Recht sehen. Meine Frage ist nun: Der Islam hat diese Reformation nicht gehabt. Das Judentum hat sie zum Teil nachgeholt. Das Reformjudentum hat die Reformation nachgeholt. Moses Mendelssohn müsste hier genannt werden, der Freund von Lessing, er hat das ja eingeleitet.

Wie sehen Sie das im Islam? Ich verehre natürlich mit Ihnen Iqbal, den Sie zitiert haben. Es gibt auch einzelne Reformer, aber aufs Ganze gesehen ist eigentlich der Islam als Religion so geblieben, wie er war.

Das, was Sie herausgehoben haben, dass wir in Europa eine kritische Befragung der Tradition durchgeführt haben, bis hin zur Bibel, sogar im Grunde angefangen mit der Bibel, das alles ist im Koran, ist im Islam nicht möglich gewesen. Es scheint, dass man gewisse Fragen bezüglich des Koran gar nicht stellen darf, wenn man sich nicht sehr heftigen Angriffen ausgesetzt sehen will. Wie steht es um die Reform der Religion, also des Islam, und wie sehen Sie die Zukunft dieser ganzen Entwicklung?

PRÄSIDENT KHATAMI:

Hier bin eigentlich ich derjenige, der von den Professoren lernen muss, und ich halte es nicht für richtig, wenn hier die großartigen Wissenschaftler, die in spiritueller Hinsicht meine Lehrer sein könnten, Fragen stellen und ich sie beantworte. Das ist selbst eine Art Dialog, wir sollten also bei einer anderen Gelegenheit von diesen Meistern lernen.

Nun geht es hier auch nicht um Frage und Antwort, sondern um das Aufwerfen von Fragen. Es ist unmöglich, über solch komplizierte Themen in einer ein- oder zweistündigen Sitzung zu diskutieren.
Herr Professor Küng hat interessante Bemerkungen gemacht. Ich möchte nun kurz auf „Tradition und Moderne"

eingehen und anschließend versuchen, die Situation in der islamischen Welt zu charakterisieren.

Tradition ist unsere historische Vergangenheit, d.h. jeder, der sein eigenes „Selbst" bewahren möchte, muss seine eigene Tradition kennen und auch daran festhalten, sonst kann er auch nichts von anderen übernehmen, weil er kein Selbst besitzt, das etwas übernehmen könnte. Traditionen sind Teil unseres Daseins.

Traditionen können manchmal neben Gewohnheiten und all dem, was sich im Laufe der Zeit oder nach den Erfordernissen der Zeit und des Raums in einer Gemeinschaft entwickelt hat, über die Grenzen der Zeit und des Raums fortbestehen, dogmatische Gestalt annehmen und uns Probleme bereiten. Gewohnheiten lassen sich durchaus abschaffen; sie lassen sich jedoch nicht durch Rundschreiben oder Anweisungen eines Präsidenten oder des Parlaments abschaffen. Aber Gewohnheiten, deren Zeit vergangen ist und die einer früheren Epoche der menschlichen Geschichte angehören, bilden Hindernisse auf dem Weg zum Fortschritt des Menschen, wenn sie unverändert weiterbestehen.

Tradition weist aber auch eine Wahrheit auf, die eine Beziehung zum Dasein hat. Je nachdem, aus welchem Blickwinkel und zu welcher Dimension der Wahrheit diese Beziehung hergestellt wird, können sich unterschiedliche Traditionen entwickeln, die über die gleiche Wurzel verfügen, vorausgesetzt, man glaubt an die Wahrheit.
Auch im Westen bedeutete die Moderne nicht eine Abwendung von der Tradition; sie hatte allerdings Auseinander-

setzungen mit der mittelalterlichen Tradition, die sie dann durch die Renaissance zu überwinden suchte. Das war eine Art Rückkehr zur Tradition als eigentliche Wurzel des Westens in Griechenland und im alten Rom. Sie wurde durch das Mittelalter mit der Moderne verknüpft; die Moderne entstand aus dem Mittelalter und in Auseinandersetzung mit der Tradition.

Ich bin der Meinung, dass das Mittelalter in mancher Hinsicht zu Unrecht kritisiert wird; es gab nämlich beachtenswerte Punkte im Mittelalter, die die Menschheit abgelehnt hat, wodurch die Menschheit selbst zu Schaden kam.

Es gab im Westen ein Problem: Da die herrschende Einstellung im Mittelalter in der Absage an die Welt und in der übertriebenen Beachtung der Spiritualität und des Geistes bestand, verlor der Mensch sein Gleichgewicht an der Grenze zwischen Spiritualität und Materialität. Die Moderne entstand also durch die Negation der ausschließlichen Hervorhebung von spirituellen Gesichtspunkten und der Ignorierung der menschlichen, sozialen und materiellen Faktoren. Durch diese absolute Negation fiel der Mensch von einem Extrem ins andere, und er wurde geblendet vom Materiellen und von der Weltlichkeit.

Ich bin der Meinung, dass der Westen sich auch jetzt in einer Phase des Ungleichgewichts befindet; die Postmoderne ist ein Beweis für diese Krise. Die Postmoderne ist eine Kritik an der Moderne und nicht unbedingt eine Ablehnung der Moderne. Wie im Mittelalter, wo bestimmte Werte verabsolutiert und Teile des Menschseins vergessen worden waren, wodurch der Mensch sein Gleichgewicht verlor, so wurden auch auf dem Höhepunkt der Moderne bestimmte Anschauungen und Werte verabsolutiert und bestimmte menschliche Bereiche außer Acht gelassen. Auch das hatte weitere Zustände des Ungleichgewichts zur Folge. Schon die Existenz der Postmoderne, die ihre Wurzeln kritisch betrachtet, ist ein Zeichen für eine Krise.

Das gleiche Problem haben wir im Verhältnis zwischen der Tradition und der Moderne gehabt. Ich habe auch früher bereits erwähnt, dass wir zweierlei Kritiken benötigen: die Kritik der Tradition und die Kritik der Moderne.

Denn die Tradition ist doch auch eine menschliche Angelegenheit. Selbst wenn wir davon überzeugt sind, dass der Mensch ein Verhältnis zur absoluten Wahrheit haben kann, so ist er trotzdem nicht nur mit spirituellen, geistigen und erhabenen Aspekten ausgestattet; er ist ein irdisches, ein historisches Wesen. Seine Auffassungen von der Wahrheit und den Problemen ändern sich nach Raum und Zeit, daher muss er seine Anschauungen und seine Traditionen ständig der Kritik unterziehen. Wir müssen andererseits aber auch die Moderne kritisieren.

Ich glaube, wir sollten uns im Osten von manchen fanatischen Einstellungen distanzieren, denn die Vorstellung, die man im Osten vom Westen hat, ist leider verknüpft mit dem kolonialistischen Gesicht des Westens. Deshalb haben viele im Osten ihre Unzufriedenheit mit der praktischen Politik des Westens gegenüber dem Osten auf die geistigen und zivilen Grundlagen des Westens selbst übertragen. Dadurch ist statt einer antikolonialistischen Haltung eine antiwestliche Haltung entstanden. Wo Kampfbereitschaft,

Hass oder übertriebene Leidenschaft vorherrschen, wird der Mensch seine Kritikfähigkeit und die Fähigkeit, die Wahrheit zu erkennen, verlieren. Wenn der Osten dieses Problem beheben, und die geistigen und Wertfragen der westlichen Zivilisation von ihren politischen Fragen trennen kann, dann bin ich der Meinung, dass die Menschen im Osten die westliche Zivilisation besser kritisieren können – vorausgesetzt eben, dass sie selbst nicht dem Fanatismus verfallen und dass sie auch ihre eigene Tradition kritisch betrachten.

Gewiss vollzieht sich jeder Wandel durch die Kritik des Status Quo. Die Moderne entstand auch durch die Reformation und durch die Kritik der Tradition. Kritik war also die Voraussetzung für Innovation und Moderne. Jede Innovation setzt auch die Kritik der Innovation voraus. Ich glaube, dass der Islam in einer Hinsicht wie das Christentum ist: Es gibt unter den Muslimen aufklärerische, kritische und zeitgemäße Denkweisen und neue Anschauungen; es gibt unter ihnen aber auch fanatische und reaktionäre Anschauungen.

Wir können nicht behaupten, dass alle Muslime gleich denken. Es gibt in manchen Bereichen des Islam, vor allem im Schiitentum, das *Ijtihad (selbstständiges Bemühen um Rechtsfindung. Anm. d. Übers.),* das es uns ermöglicht hat, auch die Vergangenheit zu kritisieren und mit einer neuen Sichtweise an unsere Probleme heranzugehen. Mit dem *Ijtihad* wurde es möglich, nicht nur Grundsätze und Vorschriften zu wahren, sondern auch den Problemen von heute und morgen zeitgemäß zu begegnen.

Diese Denkweise ist im Islam nicht Neues. Vor allem in unserem Iran ist dieses Denken seit 100 Jahren sichtbar; seit der Zeit von Seyed Jamal-od-Din Assadabadi und der konstitutionellen Bewegung im Iran hat es sowohl einen politischen Kampf gegen kolonialistisch orientierte Mächte als auch eine geistige Auseinandersetzung und Innovationen gegeben.

Ich glaube, dass die Innovation zu den Zielen der islamischen Revolution gehört, eine Art Erneuerung der religiösen Anschauung. Es gab einen Unterschied zwischen den gedanklichen Ansätzen, die zu dieser Revolution geführt haben, und anderen Denkweisen, denen diese Revolution vielleicht nicht ganz entsprach; dieses Denken existiert heute noch.

Sie haben gefragt, ob man den Koran kritisieren kann oder nicht. Ich glaube, man kann neuere Auffassungen vom Koran und von der Religion haben. Wir haben im Laufe der Zeit beobachtet, dass bisweilen mildere, bisweilen auch radikalere Auffassungen und Auslegungen entwickelt wurden. Es gibt aber einen grundsätzlichen Unterschied, der auf die Wurzel des Glaubens zurückzuführen ist: Die Muslime sind der Überzeugung, dass der Koran, den wir heute in unseren Händen haben, der gleiche Koran ist, der dem Propheten offenbart worden ist. Das Christentum dagegen hat niemals die Behauptung aufgestellt, dass alles, was in der Bibel steht, als Gottes Wort Jesus Christus offenbart worden ist; das bedeutet, dass bei der Zusammenstellung oder beim Verständnis der Bibel auch menschliche Entscheidungen mitgewirkt haben. Dadurch wird die Kritik der Bibel oder der Thora in der christlichen Welt viel einfacher als die Kritik des Korans in der islamischen Welt.

Der Glaube daran, dass es sich beim Koran um die Offenbarung Gottes handelt – und fast alle Muslime sind der Überzeugung, dass der Koran ganz genau mit der Offenbarung Gottes übereinstimmt –, legt für die Muslime eine Verpflichtung in diesem Rahmen fest. Es sei denn, man ist selbst kein Muslim, dann kann man ja – wie viele es getan haben – Einwände gegen den Islam und Koran erheben; viele bestreiten ja sogar die Existenz Gottes.

Es gibt – wie gesagt – diesen Unterschied zwischen Islam und Christentum. Aber auch neue Auffassungen und Interpretationen sind jedenfalls erlaubt. Es gibt ja eine Überlieferung unseres Propheten, wonach der Koran ein Inneres hat, und dass das Innere wieder ein Inneres hat und wieder ein Inneres ... und das kann man bis zu siebzig Mal fortsetzen. Nach einer anderen Überlieferung soll unser Prophet gesagt haben, verschiedene Köpfe haben verschiedene Auffassungen über uns. Mit anderen Worten gesagt ist das islamische *Ijtihad* ein wichtiger, hilfreicher Faktor bei der Erneuerung der islamischen Gesellschaft.

BUNDESPRÄSIDENT RAU:

Wir haben Sie gut verstehen können, Herr Präsident, und ich möchte auf das, was Sie gerade gesagt haben, noch einmal eingehen: Es gibt auch in der christlichen Frömmigkeitsgeschichte eine Schriftauffassung von der Verbalinspiration, die bis in die heutige Zeit hineingeht, wie es ja in allen Religionen Auseinandersetzungen zwischen fundamentalistischen und liberaleren oder offeneren Sichtweisen gibt.

Mir scheint eine Frage noch wichtig zu sein. Als Sie am Schluss Ihrer faszinierenden Einleitung davon gesprochen haben, was die iranische Revolution nun gebracht hat und bringen soll, da haben Sie gesagt, es geht um die Abwendung von einem versteinerten, rückwärts gewandten Islam hin zu einem Staat, der ein islamisches Fundament hat und der zur Volksherrschaft führt.

Meine Frage ist: Was geschieht, wenn diese beiden Prinzipien, die islamische Fundierung und die Volksherrschaft, kollidieren? Was geschieht dann national, und was geschieht dann international? Wie ist das Verhältnis zwischen einem sich selber religiös definierenden Staat und einer immer pluralistischer werdenden Welt? Die Welt wird ja nicht nur säkularer, sie wird auch pluralistischer, das heißt, die Informationsstränge, die Zugangsmöglichkeiten, damit aber auch die Gefahren der Profillosigkeit, werden größer.

Wie verhält sich in einer solchen Gesellschaft ein Staat, der seine religiöse, seine islamische Fundierung nicht verlieren will, der sich aber messen lassen muss an bestimmten Prinzipien des Miteinanderlebens, etwa der UNO-Charta, etwa dem Grundrechtskatalog, etwa den Prinzipien von Meinungs- und Pressefreiheit, etwa dem Minderheitenschutz? Wie verhält er sich demgegenüber, ohne seine eigene Identität aufzugeben, ohne ein säkularer Staat im westlichen Sinne zu werden?
Gibt es dafür Zukunftsmodelle? Gibt es dafür Entwürfe? Gibt es darüber Diskussionen innerhalb des Islam, und

sind die Muslime bereit, solche Entwürfe auch mit den Angehörigen anderer Weltreligionen, zuerst einmal der drei Offenbarungsreligionen, zu diskutieren, und wenn ja, auf welchem Forum, wo geschieht das und mit welchen Mitteln?

PRÄSIDENT KHATAMI:

Herzlichen Dank, Herr Bundespräsident. Ich möchte zunächst darauf aufmerksam machen, dass das Akzeptieren eines Wandels und die Initiierung des Reformprozesses in einer Gesellschaft nicht unbedingt die vollständige Annahme anderer Wertsysteme voraussetzen. Das würde bedeuten, wir als Menschen im Westen stellen uns vor, dass wir bestimmte Werte und Grundsätze haben; wer unser Wertsystem übernimmt, ist also reformorientiert, sonst ist er reaktionär und „verloren". Das widerspricht der notwendigen Voraussetzung für einen Dialog, die besagt, man soll zuerst unterschiedliche Realitäten akzeptieren und niemals versuchen, jemandem einen Wert als absoluten Wert oder absolute Wahrheit zu diktieren. Man soll den Anderen ermöglichen, neue Erfahrungen zu machen. Der Westen hat in der Geschichte die Möglichkeit zu bestimmten Erfahrungen bekommen und konnte dadurch zu einer Reihe von Begriffen und Werten gelangen.

Warum müssen wir überhaupt sagen, dass die säkularen Werte die höheren Werte sind und dass die Welt sich in einem Säkularisierungsprozess befindet? Ist das nicht auch die gefährliche und zerstörerische Behauptung von Herrn Fukuyama am Schluss seines Buches vom Ende der Geschichte, wonach der Westen, die Welt und die Geschichte im Westen im Liberalismus ihre Vollkommenheit erreicht haben? Er verkündet das Ende der Geschichte, und die ganze Welt muss die westlichen Werte akzeptieren. Diese Verabsolutierung und die dadurch entstehende Anmaßung bereiten der Menschheit enorme Probleme. Sie verliert dadurch ihren Bezug zur Wahrheit. Werte, die Reformen zugrundeliegen, müssen nicht unbedingt der westlichen Welt gefallen. So wie wir den Westen respektieren, soll der Westen auch den Osten respektieren, dann können wir ins Gespräch kommen. Wir können sowohl den Westen als auch unsere eigenen Werte berücksichtigen. Man soll die Vorstellung aufgeben, dass Reform und Wandel ausschließlich nach westlichen Wertnormen erfolgen müssen. Ich bin nicht der Meinung, dass Säkularisierung das letzte Stadium der Vollkommenheit des menschlichen Lebens ist. Auch im Westen gibt es nicht selten Kritik an der Säkularisierung.

Wenn Unterschiede zwischen realen und Wertfragen auftauchen, sind wir gerne bereit, nachzugeben. Darüber kann man ausführlich diskutieren. Meiner Ansicht nach können sich die Sichtweisen im Laufe der Zeit ändern: Haben Frauen und ihre Rechte in den heutigen islamischen Ländern den gleichen Stellenwert wie vor fünfzig oder hundert Jahren? Ist heute der Stellenwert der Frauen und ihrer Rechte in der Islamischen Republik Iran der gleiche wie im Nachbarland Afghanistan, wo die Taliban mit Denkweisen herrschen, die vor vierhundert oder fünfhundert Jahren üblich waren? Solche Entwicklungen sind also möglich, und die Änderungen vollziehen sich in Raum und Zeit.
Ich möchte hier auf einen besonderen Punkt in der Islamischen Republik Iran hinweisen, und zwar auf eine Sicht-

weise des verstorbenen Führers der Islamischen Revolution im Iran. Er sagte: „Der islamische Staat ist eine wichtige Angelegenheit, aber auch die Grundlage eines islamischen Staates ist das Interesse des Volkes. Der islamische Staat wird hier im allgemeinen Sinne verstanden, d.h. eine islamische Gesellschaft, die ihr System nach dem Islam aufbauen will. Wenn das öffentliche Interesse unbestreitbaren islamischen Vorschriften widerspricht, sollt ihr auf sie zu Gunsten des öffentlichen Interesses verzichten."

Das ist eine sehr, sehr wichtige Sichtweise: Wenn wir nun eine bestimmte religiöse Überzeugung haben, die den wirtschaftlichen, politischen und internationalen Interessen der Gesellschaft nicht angemessen ist oder widerspricht, dann können wir in unserem System, das natürlich auch seine Gegner hat, zu Gunsten dieser Interessen von der jeweiligen Überzeugung abweichen. Deswegen können nach unserer Theorie nicht einmal die unbestreitbaren religiösen Urteile Vorrang beanspruchen gegenüber den unbestreitbaren Interessen der Gesellschaft, in der wir leben.

PROFESSOR KÜNG:

Das würde doch heißen, dass die Scharia da korrigiert werden müsste, wo sie gegen die Interessen der Menschen spricht, wo sie in einem modernen System – ich rede nicht von einem säkularistischen System – unter Umständen gewissen Kategorien von Menschen nicht die Rechte gibt, die ihnen zukommen.
Sie haben die Frage der Frau genannt. Uns sind natürlich auch die Minderheiten sehr wichtig. Ich glaube, es würde

niemand verstehen, wenn wir hier auf dem Podium – gerade als Freunde des Iran – nicht auch die Frage aufwerfen würden, wie mit diesen Minderheiten umgegangen wird.

Ich kann nicht beurteilen, was an diesem Prozess gegen die Juden war, die verurteilt worden sind, aber man hat das Gefühl, dass es doch eine Rolle gespielt hat, dass das Juden waren.

Wir haben hier in Deutschland – das werden Sie auch nicht als Polemik verstehen – viele Gemeinden, die ja ursprünglich aus Ihrem Lande kommen und die Bahai sind. Ich weiß, dass die Bahai eine schwierige Frage sind für alle Muslime. Wir hatten ja schon vor fünfzehn Jahren Gelegenheit, über diese Sache zu diskutieren. Mich würde sehr freuen, wenn die Toleranz, die aus Ihrer Auffassung spricht, eben auch dieser kleinen Gruppe entgegengebracht wird, die deshalb schwierig ist, weil sie nach dem Propheten Mohammad noch einmal einen neuen Propheten Baha Ullah gebracht hat. Das kann ein orthodoxer Muslim auf keinen Fall akzeptieren. Aber es sind ja doch, wie wir sie kennen, friedliche Menschen, und sie haben sehr viel leiden müssen. Es sind sehr viele hingerichtet worden.

Ich will das nicht vertiefen. Ich möchte das einfach als Wunsch mitgeben. Ich hoffe, dass diese Minderheiten, ob es nun Juden sind oder Bahai und zum Teil auch Christen, dass die in Ihnen als dem Präsidenten des Iran einen Fürsprecher haben.

PRÄSIDENT KHATAMI:

Vielen Dank! Das ist natürlich auch keine schlechte Erfahrung, dass ein hervorragender Denker wie Herr Professor Küng wie ein Außenminister spricht. Die Reden von Herrn Küng sind stark geprägt von Gerüchten und Propagandaaktionen, die leider überwiegend im Westen und in der ganzen Welt gegen die Islamische Republik Iran durchgeführt werden. Ich wollte eigentlich in diesem Kreis nicht über dieses Problem diskutieren; darüber müssen wir in Fernsehinterviews und auf Pressekonferenzen sprechen. Es war mein Wunsch, hier über den Dialog der Zivilisationen und Ähnliches zu sprechen. Herr Küng hat seine Meinung nicht einmal als Frage geäußert, sondern als eine Feststellung, dass die Verurteilten im Iran wegen ihres jüdischen Bekenntnisses vor Gericht erscheinen mussten oder die Bahais wegen des Bahaismus verfolgt wurden. Ich würde mich freuen, wenn er das als ein Professor, der eigentlich immer alles mit handfesten Beweisen belegen muss, nachweisen würde. Sollte diese Behauptung nachgewiesen werden, dann müssten wir uns unbedingt korrigieren. Aber die Wahrheit sieht anders aus.

Ich möchte zuerst auf den letzten Teil Ihrer Rede eingehen. Das islamische *Ijtihad* macht es möglich, je nach Zeit und Raum sogar die islamischen Vorschriften zu ändern. Imam Khomeini – Gott schenke ihm Barmherzigkeit – hat Zeit und Raum als zwei bestimmende Faktoren im islamischen *Ijtihad* genannt. Der Gegenstand bleibt der gleiche, aber weil die Zeit, die Verhältnisse und die Zusammenhänge sich geändert haben, werden andere Vorschriften möglich.

Wenn wir also die Scharia als eine Sammlung von religiösen Vorschriften und Rechten sowie in der Gesellschaft vorhandenen praktischen Regeln verstehen, dann können wir feststellen, dass sie auch in vergangenen Zeiten Wandlungen und Änderungen ausgesetzt war; in unserer Zeit ist dieser Prozess beschleunigt worden. Wir sind also nicht der festen Überzeugung, dass alles, was wir als islamische Vorschriften haben, mit der Wahrheit übereinstimmt. Wir glauben fest daran, dass ein islamischer Gelehrter sich irren kann. Er kann für eine gewisse Zeit eine Meinung vertreten, aber dann kann ein anderer Gelehrter mit einer neuen Sichtweise, mit besseren Gedanken und Erkenntnissen zu der Überzeugung kommen, dass das, was bis jetzt als Vorschrift gegolten hat, nicht ganz korrekt gewesen ist und deshalb durch eine neue Vorschrift ersetzt werden muss. Wenn auch nicht eine Änderung der Scharia, so ist doch eine Umgestaltung von Vorschriften, Anschauungen, Rechts- und Zivilfragen durch das islamische *Ijtihad* durchaus vertretbar.

Und nun zu den zwei oder drei Problemen, die Herr Küng über die Juden thematisiert hat: Wir haben bis jetzt viele Spione verhaftet, und ich kann mich nicht erinnern, dass darunter Nichtmuslime waren. In der Regel sind sie hingerichtet worden oder haben eine lebenslängliche Haftstrafe erhalten. Ich kann mich noch an die Zeit nach der Revolution erinnern, als Spione verhaftet und hingerichtet wurden. Es hat sogar eine ranghohe politische Persönlichkeit gegeben, die später Kabinettsmitglied war: Sie wurde wegen Spionage verhaftet und bekam eine lebenslängliche Haftstrafe, später bekam sie eine mildere Strafe. Es gab andere, ähnliche Fälle.

Auch unter den von Ihnen angesprochenen Spionen, die vor kurzem verhaftet worden sind, sind einige Muslime. Wenn ich nun nach den Juden gefragt werde, lautet meine Antwort so: Wenn die im Iran inhaftierten Menschen Christen oder Buddhisten gewesen wären, wäre die Islamische Republik Iran dann ebenso stark unter Druck geraten? Wenn wir z.B. einen Afrikaner oder einen Iraner verhaftet hätten, der sich zu einer anderen Religion als dem Judentum bekannt hätte, einen Muslim oder einen Nichtmuslim, hätte man dann soviel Druck auf die Islamische Republik Iran ausgeübt? Dieser Druck ist durch das jüdische Bekenntnis der Angeklagten entstanden. Der Prozess gegen die Juden und die im Iran gefällten Urteile unterscheiden sich keinesfalls von anderen Fällen etwa wegen des Glaubensbekenntnisses der Juden. Unsere Justiz ist unabhängig von der Exekutive; sie ist selbstständig und wird von anderen Organen nicht beeinflusst. Wir mischen uns in ihre Angelegenheiten auch nicht ein. Der eine findet vielleicht die Urteile gut, der andere nicht. Diese Leute sind wegen Spionage verhaftet worden, und die Urteile sind – soweit ich mich erinnere – viel milder ausgefallen als ähnliche Urteile bei muslimischen Spionen. Sie haben darüber hinaus die Möglichkeit, Berufung einzulegen, und danach wäre es durchaus möglich, dass sie noch mildere Strafen bekämen.

Ich wiederhole nochmals, dass Bahaismus im Iran keine offiziell anerkannte Religion ist. Aber die Bahais und die Nicht-Bahais sind alle iranische Staatsbürger, deren Rechte gewahrt werden müssen. Ein Staatspräsident ist für die Sicherung der Rechte von Muslimen wie Bahais als Staatsbürger verantwortlich. Es ist klar, dass niemandem die Todesstrafe gefällt, aber in vielen Ländern werden Menschen aus verschieden Gründen zum Tode verurteilt; im Iran wurden Bahais wie Nicht-Bahais wegen ihrer Straftaten zum Tode verurteilt. Ihre andere – unpolitische – Frage nach der Änderungsmöglichkeit der Scharia habe ich zu Beginn meiner Rede beantwortet.

PROFESSOR VAN ESS:

Es besteht kein Zweifel, dass der Iran das Recht hat, seinen eigenen Weg zu gehen. Das kann auch gar nicht anders sein; jedes Volk geht seinen eigenen Weg. Es besteht auch kein Anlass dafür, dass der Iran westliche Werte übernimmt; dazu hat der Islam viel zu viel eigene Werte zu bieten. Wir haben im Übrigen viele Werte gemeinsam im Christentum und im Islam; das würde sich bei näherem Gespräch sicherlich herausstellen. Das Problem liegt gar nicht so sehr in den Werten an sich; Diskussionen kommen auf, wenn man nach der Werthierarchie fragt. Werte stehen ja nicht isoliert nebeneinander; sie formen ein Netz, eine Wertpyramide. Es gibt einen Spitzenwert, und ich habe selber immer den Eindruck gehabt, dass die Spitzenwerte in den beiden Religionen und Gesellschaften verschieden sind, zumindest heutzutage. Der Spitzenwert des Westens (ich vermeide hier das Wort Christentum) ist die Freiheit. Der Spitzenwert des Islams ist – so glaube ich – die Gerechtigkeit, die soziale Gerechtigkeit. Ob die Freiheit, von der man im Westen spricht, identisch ist mit der Freiheit des Christenmenschen, von der Herr Küng gesprochen hat, das ist wieder eine Frage für sich. Aber wenn es Spannungen gibt, gibt es sie meist auf dieser Ebene.

Ähnliches gilt für den Begriff *Säkularisation* oder *Säkularität*. Nach unserer deutschen Auffassung setzt Säkularität Religion frei; dazu ist der Staat da. Ein Muslim würde das u.U. anders sehen. Wir sollten aber nicht übersehen, dass es auch innerhalb des Westens, innerhalb Europas schon verschiedene Modelle gibt. Das französische Modell ist vom deutschen Modell verschieden. Frankreich hat eine Phase des aggressiven Laizismus durchlaufen, zu Ende des 19. Jahrhunderts im Positivismus; das hat historische Folgen gehabt.

Aber lassen Sie mich noch einmal zu meinen anfänglichen Bemerkungen zurückkehren. Im Gegensatz zu den primär kulturanthropologischen Problemen, bei denen wir jetzt angekommen sind, habe ich dort eher instrumentell gefragt; mir ging es um die Durchführbarkeit des Dialogs. Ich habe da gesagt: Die Sprache kann durch die Assoziationen, die sich mit ihr verbinden, in Missverständnisse und Probleme hineinführen. Darum überlege ich nun, ob es nicht auch einen Dialog gibt, bei dem die Sprache in den Hintergrund tritt. Der geplante Dialog hat ja aufklärerische Funktion; dazu ist er erdacht worden, und darum soll er möglichst breite Schichten erfassen. Wer soll diesen Dialog führen? Sicherlich die Theologen und die Philosophen, sicherlich auch die Kulturwissenschaftler. Aber ich glaube, man sollte das ihnen nicht alleine überlassen; dazu sind wir manchmal zu selbstverliebt. Wie also kommt man an die breiteren Schichten heran?

Ich frage mich, ob man nicht Dialog auch führen kann mit den Künsten, und dort vor allem mit dem Bild statt mit der Sprache. Was die Künste angeht, so sind Goethe und

Hafis ja ein gutes Beispiel. Zwar war Hafis zu Goethes Zeit längst tot; aber Goethe hat Hafis sehr gut verstanden, weil er ein Dichter war. Und wenn ich nun von der Sprache weggehe und an das Bild denke: Der iranische Film ist – soviel ich weiß – recht gut. Er zeigt, wie Menschen im Iran leben und denken, ohne dass man das lange durch das Medium der Sprache mitteilen müsste. Ich weiß nicht, ob es vergleichbare Filme heutzutage noch in Deutschland gibt; aber es gab sie zumindest früher. Könnte man nicht solche Filme im Fernsehen des jeweils anderen Landes zeigen, damit man die Menschen selber einmal sieht, ohne das gleich mit Theorien zu verbinden? Der Weg zum Verstehen ist lang; aber vielleicht würde er auf diese Weise zumindest etwas einfacher.

PRÄSIDENT KHATAMI:

Sie haben das Thema ausführlich dargestellt. Es ist tatsächlich so, dass die Kunst bei der Darstellung der inneren Wirklichkeit des Menschen aufrichtiger ist als die Sprache, die eher Rollen spielt. Die Kunst kann den Rezipienten leichter beeinflussen, verglichen mit der Sprache, die man ja mühsam erlernen muss. Die Künstler und die Kunst spielen in der Beziehung der Völker und Kulturen eine wichtige Rolle und haben einen großen Wert im Dialog.

PROFESSOR KÜNG:

Also zunächst einmal, ich habe nicht als Außenminister gesprochen.

PRÄSIDENT KHATAMI:

Nein, Sie sind viel zu schade, um Außenminister zu werden, Sie müssen Professor Küng bleiben.

PROFESSOR KÜNG:

Ich weiß nicht, ob die Übersetzung genau war. Ich wollte nicht unterstellen, dass die Juden als Juden verurteilt wurden. Ich wollte nur ein Fragezeichen setzen. Aber das sollten wir jetzt nicht weiter diskutieren.

Ich hätte noch eine positive Frage: Mir hat sehr gefallen, dass Sie in Ihren eigenen Ausführungen festgestellt haben, dass die heutige Welt auf der Suche ist, Sie sagten: nach einer neuen Grundlage des Zusammenlebens. Das ist natürlich etwas, was uns alle sehr beschäftigt.

Wir werden im Zeitalter der Globalisierung, von der Sie ja gestern in Berlin gesprochen haben, ohne eine Globalisierung auch der ethischen Standards nicht durchkommen. Es braucht eine Globalisierung des Ethos.

Mich würde interessieren, wo Sie jetzt gerade zwischen Islam und Christentum gemeinsame ethische Standards sehen, die es ermöglichen, dass nicht zuletzt die Muslime hier in Deutschland, die drei Millionen Muslime, in diesem Land leben können, ohne sich selber zu verleugnen. Sie haben ja selber in unserem Lande gelebt, haben da eine gewaltige Erfahrung, und mich hätte doch interessiert, wie Sie die Frage, auch aus dem Abstand heraus und von Ihrem Amt her, heute beantworten würden.

PRÄSIDENT KHATAMI:

Vielen Dank, Herr Professor Küng, für Ihre wertvollen Ausführungen. Erlauben Sie mir eine Feststellung zum Thema „Globalisierung". Durch die heutigen Kommunikationsmöglichkeiten und auch dadurch, dass die Mauern Tag für Tag fallen, können natürlich Länder und Systeme einander stärker beeinflussen, im wirtschaftlichen, politischen und kulturellen Bereich, und dadurch nähern sich auch die Bewusstseinsformen und Lebensarten einander an. In diesem Sinne werden Menschen tatsächlich globaler und bewegen sich in eine ähnliche Richtung.

Es gibt aber auch eine andere Auffassung von Globalisierung, von der wir uns ernsthaft distanzieren sollten: Es gibt eine philosophisch-wissenschaftliche Auffassung, dass die Welt sich eine einzige Kultur aneignet und die kulturelle Vielfalt verschwindet, was den Tod der menschlichen Evolution und des menschlichen Fortschritts bedeuten würde. Ich bin der Meinung, wir wünschen uns eine Welt mit Gemeinsamkeiten, mit Koexistenz, aber auch mit Vielfalt und Buntheit. Wir sollten versuchen, Konflikte zwischen diesen „Farben" zu vermeiden. Wie ich glaube, ist es ein Problem, dass es neben der Globalisierung von Wirtschaft und Politik in der Welt auch ein wachsendes Interesse an nationalen, religiösen und lokalen Kulturen gibt.

Es ist durchaus möglich, dass die Menschheit sich durch die Zusammenschlüsse der Länder und die Annäherung der wirtschaftlichen und politischen Interessen und Aktivitäten einer gewissen Gefahr der kulturellen Assimilation ausgesetzt sieht. Deshalb beobachtet man in der heutigen Welt eine Art Rückkehr zum Selbst und eine Stärkung der einheimischen kulturellen Grundlagen. Heute zeigen die Franzosen z.B. in Bezug auf ihre Kultur eine viel stärkere Sensibilität als vor dreißig oder fünfzig Jahren. Ähnliches gilt für das kulturelle Identitätsgefühl in den neuen Staaten Mittelasiens und des Kaukasus, in Afrika, Asien und anderswo. Ich bin also der Meinung, dass Globalisierung im Sinne von Assimilation der Kulturen der menschlichen Natur widerspricht und keinesfalls im Interesse der Menschheit ist.

Es gibt aber noch eine andere, politische Auffassung von Globalisierung, die sehr gefährlich ist. Sie lautet: Die Erdkugel dreht sich nach den Interessen der Macht, die die meisten wissenschaftlichen, materiellen, informationstechnischen und militärischen Möglichkeiten zur Verfügung hat. Die Welt entwickelt sich zu einem Pol, der Befehle erteilt, und alle anderen sollen gehorchen. Ein derart definierter Begriff der Globalisierung, der eigentlich ein Verrat an der Globalisierung bedeutet, existiert im Hinterkopf mancher Politiker in der Welt. Um die Menschheit vor Politikern zu retten, die nur an ihr eigenes Interesse denken, und um die Katastrophe zu verhindern, müssen alle denkenden und nachdenklichen Menschen aktiv werden. Diese Katastrophe wird aber nicht passieren; die Menschen werden sich den großen Mächten nicht deswegen fügen, weil sie weniger technische und materielle Möglichkeiten zur Verfügung haben.

In Bezug auf Globalisierung in den Bereichen der Ethik und Spiritualität nähern sich die Werte von selbst oder sie sollen sich einander näherkommen. In einer Welt ohne

Grenzen können Menschen und Völker nicht mit völlig unterschiedlichen moralischen Werten leben. Wir müssen zu einer Reihe von Normen kommen, innerhalb derer alle Menschen mit Verständnis füreinander und in Gemeinsamkeit leben. Die Menschen können gleichzeitig ihre Eigenart und ihre Werte bewahren; diese Eigenart und diese Werte dürfen aber nicht zu Zusammenstößen und Konflikten führen.

Die Frage, wie man zwischen Protestantismus und Islam vermitteln kann, können Sie als Theologieprofessor und andere qualifizierte Religionswissenschaftler in den Bereichen Islam und Christentum besser beantworten. Die Gemeinsamkeiten der Religionen und die Religionswissenschaft im Allgemeinen sind nicht mein Spezialgebiet, daher weiß ich nicht genau, welche Lösungswege man zwischen Protestantismus und Islam, zwischen Katholizismus und Islam, zwischen Buddhismus und Islam oder zwischen Judentum und Christentum finden könnte. Das ist eine Aufgabe der Religionswissenschaftler.

Ich glaube allerdings, dass es zwischen den Offenbarungsreligionen oder Buchreligionen viele Gemeinsamkeiten gibt. Wir Muslime haben es leichter, mit Ihnen als Christen zurechtzukommen als Sie mit uns. Das liegt daran, dass wir Jesus Christus als einen Propheten Gottes anerkennen und sein Wort als Gottes Offenbarung akzeptieren. Nach unserer Überzeugung haben alle Religionen die gleiche Wurzel; alle abrahamitischen Religionen besitzen eine einzige Substanz. So wie wir unseren Propheten respektieren, respektieren wir auch Jesus Christus, Moses und Abraham als die Propheten Gottes, die die gleiche Wahrheit verkündet haben, die unser Prophet verkündet hat. Von unserer Seite ist also das Christentum trotz aller Unterschiede als eine Religion Gottes akzeptiert; wir haben gemeinsame Werte und können daher miteinander zurechtkommen.

Für die Christen, die an einen Propheten nach Jesus Christus nicht glauben, oder für die Juden, die immer noch glauben, Jesus Christus sei noch nicht gekommen, ist das eine schwierigere Angelegenheit. Sie sollten versuchen, die Muslime anzuerkennen, so wie die Muslime die Christen anerkennen, um eine Grundlage für das gegenseitige Verständnis und – so Gott will – für eine Annäherung und für die Erreichung gemeinsamer Normen zu schaffen.

BUNDESPRÄSIDENT RAU:

Meine Damen und Herren, wir stehen nicht nur am Schluss einer Diskussion, der Sie hoffentlich die eine oder andere Einsicht verdanken, sondern gleichzeitig am Schluss des Besuchs des iranischen Präsidenten in der Bundesrepublik Deutschland. Ich denke, dass es nicht zu viel gesagt ist, wenn ich sage, dass dies ein fruchtbarer, ein hilfreicher, ein nützlicher Besuch war. Ich hoffe, er war ein Doppelpunkt, was die Beziehungen zwischen unseren Ländern und unseren Völkern angeht. Ich hoffe, dass wir einen neuen Gesprächsfaden begonnen haben auf allen Ebenen und in allen Feldern: in dem der Kultur, in dem der Religionen, auch in dem der politischen Diskrepanzen und Übereinstimmungen, auch im wirtschaftlichen Austausch.

Und ich hoffe, dass dieser Besuch, für den wir Ihnen, Herr Präsident, herzlich danken, unsere Völker näher zueinander bringen wird. Wir haben jetzt die Übersetzungsarbeit dessen zu tun, was Sie am Schluss gesagt haben über die Gemeinsamkeiten der Offenbarungsreligionen. Wir haben jetzt mitzuhelfen, damit die Menschen spüren, dass das, was wir gesagt haben, auch stimmt. Sie sollen spüren, dass es nicht um irgendeine weltfremde Ideologie geht, sondern dass wir es in den Alltag übersetzen wollen: in die Art, wie wir miteinander leben, statt gegeneinander zu leben, wie wir einander respektieren, ohne das eigene Profil aufzugeben, und wie wir die Globalisierung nicht missverstehen als die Uniformierung der ganzen Welt, sondern als die Darstellung der Vielfalt einer Schöpfung, die nicht dem Menschen allein gehört, aber für die die Menschen überall Verantwortung tragen.

Ich wünsche Ihnen einen guten Heimweg nach Teheran, uns eine gute Reise nach Berlin, allen ein gutes Nachhausekommen, und ich sage Gottes Segen für den Iran und für Deutschland.

Ansprache des Präsidenten der Islamischen Republik Iran bei der Einweihung des Goethe- und Hafisdenkmals[*]

Im Namen des barmherzigen und gnädigen Gottes

Reden über Hafis und Goethe heißt nicht nur, zwei Denker und Künstler zu verehren, sondern von der geistigen und sprachlichen Verwandtschaft zweier verschiedener Epochen und Länder zu sprechen. Dieses Zusammentreffen und die Zwiesprache zwischen Goethe und Hafis zeichnen ein schönes und künstlerisches Bild zwischen dichterische Denker in Ost und West. Die Dichtung bildet zwar die Szene des Dialogs, was aber daraus verstanden wird, verdient große Aufmerksamkeit. Die Dichter haben ein gemeinsames Haus und eine gemeinsame Sprache, und daher können sie das Wesen der Wahrheit hinter den Worten und Lautbildungen erkennen.

[*] Am 12. Juli 2000 in Weimar

Hafis ist die übersinnliche Sprache des Denkens und des Geschichtsverständnisses unserer Volkes, denn er ist die Sprache des Verborgenen. Was er aus dieser Welt voller Geheimnisse und Symbole verstanden hat, hat er in einer Sprache, die über Raum und Zeit hinausgeht, ausgedrückt. Mit den Worten von Goethe:

> Nur wer Hafis liebt und kennt,
> Weiß, was Calderon gesungen

Die gemeinsame Sprache der Dichter und Denker ist ein Ausdruck der gemeinsamen Wahrheit des Seins. Auch wenn wir nicht die gleiche Sprache sprechen, unsere wahren Wesen haben die gleiche Sprache. Dies drückt sich in der Dichtung aus, beschränkt sich aber nicht nur darauf, sondern erstreckt sich auf das Denken und Handeln in der Gesellschaft. Aus dieser Sicht bleibt die sprachliche Gemeinsamkeit von Hafis und Goethe nicht auf die beiden Dichter beschränkt, sie erfasst auch die Bereiche der Kultur, der Gesellschaft, der Politik und der Geschichte. Sie erinnert uns daran, dass wir heute erneut den Willen zum Ausdruck bringen, im Dialog zusammenzufinden und zusammenzugehen. Lassen Sie mich mit einem Gedicht von Hafis an diese Notwendigkeit erinnern und meine Worte abschließen.

> Komm, auf dass wir Rosen streuen,
> Wein in uns're Becher gießen

Und, das Dach des Himmels spaltend,
Einen neuen Bau beschließen!

Wollte kühn das Heer des Grames
Der Verliebten Blut verspritzen,

Eilten wir, ich und der Schenke,
Ihm zu rauben seine Stützen.

In den Wein, den erg'wanfarbnen,
Lasst uns Rosenwasser gießen,

Und des Rauchgefäßes Düfte
Lasst mit Zucker uns versüßen!

Dieser prahlt mit dem Verstande,
Jener spricht von frommen Dingen:

Komm, und lass uns diese Streite
Vor der Streite Schlichter bringen!

Ich hoffe, dass diese neue Hinwendung zu Hafis und Goethe einen Neubeginn der umfassenden wissenschaftlichen und kulturellen Zusammenarbeit zwischen den Denkern und der Bevölkerung unserer Länder zur Folge haben wird.

Ich danke allen Beteiligten, Gästen und Anwesenden sehr herzlich.

Im Namen Gottes

Der Glaube in der heutigen Welt[*]

Das Thema unserer Diskussion lautet: Welche Stellung nimmt die Religion in der heutigen Welt ein? Die Frage ist: Wie ist die Lage der Religion in unserer Zeit, und welche Probleme und Aufgaben hat der Gläubige? Ich erlaube mir, diese Frage etwas genauer zu entwerfen. Welche Stellung bekleiden wir in der heutigen Welt? Man kann „wir" gewiss unterschiedlich auslegen, und man kann auch verschiedene Bedeutungen dafür finden. Aber auf der Grundlage unserer heutigen Diskussion meinen wir die gläubigen „wir", diejenigen, die Muslime, Christen, Juden und Andersgläubige sein können, die außerhalb des offiziellen Bereichs der abendländischen Zivilisation leben – in einem engeren Sinn unter Berücksichtigung der Stellung und des Wissensbereichs des Untersuchenden. Genauer gesagt meine ich hier mit „wir" die muslimischen „wir". Obwohl es sein mag, dass unter den Angeredeten nicht nur Muslime sind, lässt sich diese Frage in gewisser Weise mit geringfügigen Änderungen auch auf die Nichtmuslime übertragen, die sich um das menschliche Leben sorgen und die es nach Ruhm und Ehre verlangt.

[*] Von 1995

Ich als ein Muslim, der in seiner Zeit leben und seinen Blick auf den zukünftigen Weg richten will, der eine ehrenvolle Rolle bei Aufbau und Lenkung spielen will, entwerfe meine Frage im Hinblick auf die Religion. In gewisser Hinsicht ist meine Frage eine Frage von innen heraus, das heißt nicht etwa die eines unvoreingenommenen und unparteiischen Menschen. Vielmehr betrachte ich die Religion nicht von außen, sondern vom Gesichtspunkt eines suchenden Muslims aus, obwohl man manche Punkte notgedrungen mit einem Blick von außen betrachten muss, damit wir nicht unangemessenenerweise in Fanatismus verfallen und in den Brunnen des blinden Egoismus stürzen.

Wenn ich danach frage, welche Stellung „wir" (d. h. die muslimischen „wir") in der heutigen Welt innehaben, dann müssen dem Angeredeten in jedem Fall beide Teile der Frage klar sein. Ich habe bereits erwähnt, dass ich mit „wir" die muslimischen „wir" meine, diejenigen, die einst Zivilisationsträger waren und eine Rolle in der Menschheitsgeschichte spielten und heute diese Stellung und Rolle nicht mehr bekleiden. Gleichwohl wollen wir uns inmitten der Geschichte wiederfinden, und, wenn möglich, eine Zukunft für uns errichten, die sich vom Heute und sogar vom Gestern unterscheidet, ohne dass wir damit beabsichtigen würden, den Platz für andere einzuengen, und das Produkt der Erkenntnis sowie die praktischen und theoretischen Überlegungen der Menschheit außer Acht zu lassen.

Was meine ich nun mit „unserer heutigen Welt"? Mit einem Wort gesagt meine ich mit der heutigen Welt die „westliche Zivilisation", mithin genau das, was die ganze Welt und die Menschheit beherrscht und dominiert, also genau das, was unser wirtschaftliches, politisches, kulturelles und soziales Leben beeinflusst, all das, ohne dessen Manifestationen und Errungenschaften das Leben auch für die nichtwestlichen Menschen unmöglich ist. Hier, wo wir Platz genommen haben und diskutieren, sind überall die Spuren der westlichen Zivilisation präsent: dieses Gebäude, seine Planung und Verwaltung, seine Werkteile und die Elemente, die bei seinem Bau Verwendung gefunden haben, die Stadt, in der dieses Gebäude liegt, die Kommunikationsmittel, insbesondere die Massenmedien, das, was meine Stimme zu Ihnen trägt und viele andere Dinge mehr.

Die heutige Welt ist entweder der Westen, das heißt das Äußere und das Innere seines Lebens sind westlich (mit Westen meine ich das Denken, die Werte, die Vorstellungen und die Technik, nicht notwendigerweise den geographischen Westen), oder, wenn der Mensch auch nicht direkt im geographischen Westen lebt, so ist er doch sehr stark von dieser Zivilisation beeinflusst, und die Möglichkeit zu existieren ist ohne diese Zivilisation ausgeschlossen. Das ist unsere heutige Welt. Freilich hat der Westen für die Menschheit viele Früchte und große Errungenschaften hervorgebracht, doch er hat auch große Probleme und Schwierigkeiten geschaffen. Jedes menschliche Produkt ist mehr oder weniger so beschaffen. Aber der beachtenswerte Punkt ist der, dass unser Problem doppelt so umfangreich ist wie das des Westens. Warum? Weil für einen westlichen Menschen wenigstens seine Kultur mit seiner Zivilisation zusammenpasst, und er infolgedessen nicht von dieser Erschütterung der Persönlichkeit befallen ist. Dieses doppelte Problem entsteht für uns jedoch deswegen, weil einerseits unser Leben (das individuelle wie das soziale) stark vom

Westen beeinflusst ist – freilich ohne dass wir die Grundlagen der westlichen Zivilisation übernommen hätten –, und andererseits unsere Kultur oder die Teile der Kultur, die unsere Seele, unser Herz und unsere Gedanken beherrschen, zu einer Zivilisation gehören, deren Zeit abgelaufen ist (die Erörterung und Klärung dieses Punktes muss ausführlich zu anderer Zeit und an anderer Stelle erfolgen). Da es keine eindeutigen, klaren und einheitlichen Definitionen für die Kategorien Zivilisation und Kultur gibt, sollte ich hier sogleich hinzufügen, dass ich hier mit Zivilisation eben jene materiellen Erscheinungsformen des kreatürlichen Lebens und alle Grundlagen und Institutionen meine, auf denen das Leben basiert, die wirtschaftlichen, politischen und technischen Institutionen und so fort, die tatsächlich den Rahmen des konkreten und sozialen Lebens bilden. Mit Kultur meine ich die Vorstellungen, Sitten und Gebräuche sowie die rationalen und emotionalen Traditionen, die in der Gesellschaft verwurzelt sind.

Es mag nun sein, dass einige die Wurzel der Krise im Westen in der Unvereinbarkeit von der Motivation und dem Projekt des zivilisierten westlichen Menschen mit dem Wesen des Menschen sehen, sodass diese Krise, die im Westen ihren Ursprung hat, auch uns befallen hat. Die doppelte Krise für die nichtwestlichen Völker und Staaten besteht indes darin, dass die Kultur, die über unser Innerstes dominiert, oder ein Teil dieser Kultur, nicht mit der Zivilisation, die mehr oder weniger zur Grundlage unseres konkreten Lebens gehört, zusammenpasst. Diese Unvereinbarkeit, die auf den westlichen Menschen weniger zutrifft, ist der Ursprung der doppelten Krise im Leben der Mehrzahl der nichtwestlichen Menschen.

Ich sollte darauf hinweisen, dass diese Trennung zwischen Zivilisation und Kultur in dem Sinne, wie ich es dargelegt habe, durchaus existieren kann. Das heißt, es ist möglich, dass die Kultur, die mit dieser Zivilisation vereinbar ist, da sie in der Seele der Menschheit wurzelt, lange Zeit nach dem Untergang und der Vernichtung der passenden Zivilisation weiterlebt. Da die Zivilisation für die Kultur in verschiedener Hinsicht eine Grundlage bildet, verliert die Kultur durch diese Trennung nicht nur ihre Schaffenskraft und wird zu einem hemmenden Faktor, sondern sie geht selbst mit der Zeit unter, weil sie ohne Grundlage ist. Eines unserer dringlichsten Probleme ist, dass unsere Kultur oder ihre wichtigsten Teile zu einer Zivilisation gehören, die bereits vor Jahrhunderten untergegangen ist, und unser Leben von einer neuen Zivilisation beeinflusst ist, die die zu ihr passende Kultur sucht. Das ist unsere Welt.

Nun ist die eingangs gestellte Frage dieser Diskussion klarer und ohne Doppeldeutigkeit. Insofern stellt sich die Frage, was sollen wir Muslime, die wir ein ehrenvolles Leben führen wollen und die wir unsere historische Identität (die für uns der Islam ist) verlieren, tun?

Erwarten Sie auf keinen Fall, dass ich hier ein Manifest vorlege. Denn erstens bin ich zu sehr von meiner wissenschaftlichen und intellektuellen Fehlbarkeit überzeugt, um eine derart anmaßende Behauptung vorzubringen, und zweitens kommt das Leben der Menschheit mit einem Manifest allein nicht in Ordnung. Eines der nachhaltigsten Manifeste ist das von Marx und Engels, und Sie haben ja gesehen, zu welchem Ergebnis es führte, wo doch beide, insbesondere Marx, zugestandenerweise kluge, starke Männer und die größten Pathologen eines Aspektes des Kapitalismus der westlichen Zivilisation waren. Die Konsequenzen ihres Schaffens sehen wir indessen heute deutlich.

Wir müssen aufrichtigerweise gestehen, dass das Leben aus einem gemeinsamen und bescheidenen Streben besteht, das ohne Zusammenarbeit, Gedankenaustausch, Einmütigkeit und das ständige Erinnern an die Begrenztheit der Gesichtspunkte und der menschlichen Lösungen nicht voranschreitet. Natürlich ist alles, was hier entworfen wird, lediglich eine Spekulation und keine endgültige Lösung. Es ist wünschenswert, die Tür für Diskussionen und Gespräche sowie die kluge und selbstredend aufrichtige Teilnahme am Prozess der ernsthaften Fragen und Antworten zu öffnen.

Erlauben Sie mir, einige Punkte über „Religion" zu sagen, bis wir zu dem kommen, was wir Schlussfolgerung nennen.

Erstens: Die Religion ist gemeinsam mit der Menschheit auf die Welt gekommen und die älteste menschliche Institution. Das Leben des Menschen ist ohne Religion und ohne irgendeine Art von Hingabe an das göttliche Wesen ohne Sinn. Der Mensch besitzt, ob er will oder nicht, ein Zeichen des unendlichen Verborgenen inmitten seines eigenen Wesens. Dies begreift und fühlt er von ganzem Herzen. Der Mensch ist ein Wesen, welches das Geheimnis der Existenz erfasst. Mit anderen Worten ist das Dasein voller Geheimnisse, und das Problem des Menschen ist, dass er sich des Geheimnisses bewusst ist, und daher will er unausgesetzt das Dasein enträtseln. Und wie viele Geheimnisse sind doch von der Menschheit bereits gelöst worden! Dieses Dasein ist derart verworren und labyrinthartig, dass das

Enthüllen eines Geheimnisses Hunderte neue, verschlossene und versiegelte Geheimnisse nach sich zieht. Der Mensch bringt sein Leben bewusst in einem Meer voller Geheimnisse des Daseins zu. Infolgedessen ist er stets von Ratlosigkeit befallen, der Ratlosigkeit dem Dasein gegenüber, der Ratlosigkeit angesichts von so viel Kompliziertheit und so vieler Verwicklungen. Die Religion ist die solideste und aufrichtigste Antwort auf diese menschliche Ratlosigkeit gegenüber dem Dasein. Ich glaube, dass, solange der Mensch lebt, auch die Ratlosigkeit lebt, und solange die Ratlosigkeit lebt, ist die Stellung der Religion im Leben und im Gedächtnis des Menschen noch umfassender als die der anderen Institutionen und Phänomene. Die Religion ist das Bindeglied, das den Menschen, der einerseits begrenzt und unfähig und andererseits unendlich und in jedem Fall ein Suchender und wissend ist, mit dem Zentrum des Daseins, dem Schöpfer des Universums, dem der jedes Geheimnis kennt, verbindet. Sicherlich gibt es niemanden, der in seinem tiefsten Wesen nicht an das unbegrenzte und erhabene Wesen glaubt. Aber die Menschen fallen der Vergesslichkeit anheim und sorgen sich nicht mehr um die erhabene Wahrheit. Diese Sorglosigkeit hinsichtlich der erhabenen und großmächtigen Existenz ist ebenso dramatisch wie wir uns dieses begrenzte und veränderliche Wesen dauerhaft und unendlich vorstellen. Die Geschichte war unter anderem traurigerweise der Schauplatz einiger Tragödien, die durch diese beiden Phänomene über die Menschen gekommen sind.

Ein Leben ohne Gott und besonders ohne den Gott der Offenbarungsreligionen und ohne den Gott der Mystik, der sich vom Gott der Abergläubigen, die nur das Äußere sehen, und sogar von dem Gott der Philosophen unterscheidet, ist eng und dunkel. Mit Gott, der die höchste Machtstufe und Erhabenheit innehat, kann der Mensch dennoch, trotz seiner Unfähigkeit und Begrenztheit, unmittelbar und aufrichtig in Verbindung treten, ja sogar eine Verbindung des Herzens und durch die Sprache herstellen. In einer Welt voller Unklarheit und Sorgen kann der Mensch mit dem Zentrum des Daseins reden und ins Zwiegespräch kommen. Er spricht zu Ihm und erhält eine Antwort. Gott ist schön, und folglich ist der Mensch entzückt von Ihm und liebt Ihn, und ist gleichzeitig prachtvoll, und folglich empfindet der Mensch Ehrfurcht vor Ihm – Ehrfurcht, nicht die Angst des schwachen und hilflosen Geschöpfes vor dem unvernünftigen Mächtigen, sondern das Erbeben eines nach Vollkommenheit suchenden Unvollkommenen vor der geliebten Vollkommenheit. Diese Ehrfurcht ist die Grundlage der Frömmigkeit *(taqwā)*, und die wahrhaftige Frömmigkeit macht das ganze Asketentum *(zohd)* aus. Asketentum besteht darin, sich von den Bindungen an die Welt zu befreien. Der der Welt Verhaftete sieht sich abhängig von der Welt, wohingegen der wahre Asket die Welt zu seiner Verfügung hat und die Welt als ein Werkzeug für die Vervollkommnung des transzendenten Aspekts und der Vorzüglichkeit seiner Existenz ansieht.

Gewiss hatten wir auch ein von der Welt abgewandtes Asketentum, eine von der Welt abgewandte Mystik und einen von der Welt abgewandten Glauben, und wir haben diese auch jetzt noch. Sie alle zählen zu den Lebenskatastrophen der Menschheit, und stellen ein gravierendes Zeichen der

Begrenztheit und des Irregehens des Menschen dar, was an passender Stelle erörtert werden muss.

Es ist ersichtlich, dass ein gläubiger, von der Welt abgewandter und sich mit einem Minimum an Lebensgenuss bescheidender Mystiker gewiss viel mehr Ruhe und Zufriedenheit hat als derjenige, der über viele Möglichkeiten und Reichtum verfügt und der alle materiellen Güter sein Eigen nennt. Denn der primäre Genuss ist der Genuss der ewigen Sättigung der Seele, während der sekundäre Genuss der des Bauches und der Wollust ist. Weil zum einen letzterer vergänglich und wiederholbar ist und zum andern seine Voraussetzungen außerhalb des Existenzbereichs des Menschen liegen und von Hunderten anderer Faktoren abhängig sind, nimmt die Furcht, seiner verlustig zu gehen, dem Menschen auch den gegenwärtigen Genuss.

Betrachten wir es unvoreingenommen, so ist der Glaube in der Seele des Menschen verwurzelt, so wie es der Edle Koran zum Ausdruck bringt, wonach der Mensch von Natur aus fromm ist und an die Einheit Gottes *(touḥid)* glaubt.

Zweitens: Der Kern der Religion ist etwas Heiliges und Erhabenes. Wenn wir dieses Heilige und Erhabene von der Religion abtrennen, dann haben wir den Glauben aufgelöst. Wo andererseits Heiligkeit und Herrlichkeit existieren, existieren auch Freiheit, Unbedingtheit und Ablehnung von Bindung. Es gibt keinen Glauben, der nichts mit der absoluten, heiligen und erhabenen Sache zu tun hat. Diese Dinge stellen das Wesen der Religion dar.

An dieser Stelle möchte ich auf eine Katastrophe hinweisen, die dem religiösen Leben der Menschen und dem Glauben droht, und die im Laufe der Geschichte auch auf eine gewisse Art zum Auslöser für viele Probleme der Menschheit geworden ist.

Die Seele des Menschen ist mit der erhabenen und heiligen Sache, die den Inhalt der Religion ausmacht und Teil von ihr ist, verbunden. Jeder findet in den Tiefen seines eigenen Gewissens eine Art (wenngleich stumme) Herzensverbundenheit vor, die ihm eigen ist. Diese Vertrautheit und diese Anziehungskraft sind gerade die Zeichen für die Wesensentsprechung der Seele des Menschen und der erhabenen und heiligen Wahrheit, eben das, was im Koran mit „Geist Gottes" umschrieben worden ist und wodurch die Vollkommenheit der Schöpfung des Menschen definiert ist. Das Wesen des Menschen weist zwei Aspekte auf, den himmlischen Aspekt und den naturgebundenen Aspekt. Der Kopf des Menschen ragt in den Himmel, und dadurch ist er vertraut mit der heiligen Sache. Dahingegen steht sein Fuß auf der Erde, und er ist so zum diesseitigen Leben verurteilt. Da er inmitten der Natur weilt, sind sein Gedächtnis und sein Leben, in Folge der andauernden Unruhe der natürlichen Welt, in anhaltender Umwandlung begriffen, und weil er ein naturgebundenes Wesen ist, beschränkt auf die Spielarten der zeitlichen, örtlichen und gesellschaftlichen Begrenzungen, sind folglich sein Wissen und seine Kenntnis relativ und mit Fehlern behaftet. Der Mensch ist in dieser Welt abhängig von Zeit und Ort. Er ist ein bedingtes, historisches und wandelbares Wesen. Weder sein Körper noch sein Geist bleiben im Laufe der Zeit gleichförmig. Ich glaube beileibe nicht, dass alle menschlichen

Wahrnehmungen, Einsichten und Erkenntnisse bedingt sind und es nichts Dauerhaftes in der Erkenntnis des Menschen gibt. Aber solche Erkenntnisse sind, obgleich absolut grundlegend, sehr allgemein und selten. Der Großteil unseres theoretischen Wissens und unserer verwertbaren Erkenntnisse sind bedingt, fehlerhaft und veränderlich.

Die Bedingtheit unserer religiösen Überzeugungen und Erkenntnisse ist in der Zeit, in der der Unfehlbare *(ma'ṣum)* nicht in Erscheinung tritt, noch gravierender und ernster, und der Mensch hat keine andere Wahl als sein Leben mit dieser Bedingtheit zuzubringen, und mittels Versuch und Irrtum sowohl seine Kenntnisse als auch seine Fertigkeiten im Leben und in der Geschichte zu korrigieren.

Die Geschichte der Menschheit ist unter anderem die Geschichte der Wandlung der religiösen Überzeugungen und Entwürfe des Menschen. Sind etwa die Rationalismen des Menschen in der Geschichte einheitlich geblieben? Waren die religiösen Überzeugungen und das religiöse Verhalten einer Gemeinschaft stets einförmig? Die vielen Meinungsverschiedenheiten zwischen den Anhängern der Religionen und zwischen den Angehörigen der verschiedenen Denkrichtungen in der gesamten Geschichte und auch die grundlegenden Verschiedenheiten zwischen den Glaubensrichtungen einer Religion und sogar die gedanklichen Gegensätze zwischen den Untergruppen einer Religion sind allesamt Zeichen dafür, dass niemand behaupten kann, er habe die ganze Wahrheit und er habe sie von jedem Blickwinkel aus erkannt. Wenn wir beispielsweise vom Islam reden, welchen Islam meinen wir dann? Den Islam von Abu Dharr, den Islam von Ebn Sinā (Avicenna), den Islam von

Ghazāli, den Islam von Moḥyi od-Din Ebn ʿArabi, den Islam der Ashʿariten, den Islam der Sufis, den Islam der Frömmler? Welchen von diesen? Dies alles sind unbezweifelbare historische Belege für die Bedingtheit der menschlichen Erkenntnis, ja sogar auch der Religion. Heute stimmen wir, gleich zu welcher Glaubensrichtung wir gehören, weder in der Theorie noch in der Praxis mit unseren Vätern überein. Ich sage nicht, dass alles sich ändert, aber die Veränderung in manchen Bereichen des menschlichen Daseins hat die Unverbindlichkeit des Geistes und des Lebens zur Folge und ist etwas Tiefgreifendes und Grundsätzliches.

Also ist eine der Hauptschwierigkeiten der religiösen Gesellschaft, dass sie einerseits an eine oder mehrere Wahrheiten glaubt, die absolut, heilig und erhaben sind, und sich andererseits als etwas Existierendes erkennt, in dessen Geist und Leben die Bedingtheit eine tiefgreifende Angelegenheit ist. Solange sich diese Gesellschaft ihrer Begrenztheit und der Ursache dieses Problems bewusst ist, wird ihr inhärentes Problem nicht zum Auslöser von Tragödien werden. Die große und tragische Katastrophe in der Gesellschaft der Gläubigen tritt erst dann ein, wenn die wesenhafte Freiheit und die Heiligkeit der Religion von dem menschlichen, zeitlichen, örtlichen, begrenzten, relativen und fehlerhaften Verständnis von Religion durchsetzt sind. Alles was ein solchermaßen begrenzter Mensch oder die Menschen erreicht haben, sehen sie als Religion an, und dadurch kommt die Vorstellung zustande, dass ein Mensch schon religiös ist, wenn er nur dieses Konzept aufnimmt. Viele der Verketzerungen, Exkommunikationen und Konflikte entstehen dadurch.

Also gibt es uns und die Religion (die an sich heilig, erhaben und befreiend ist) und etwas Allgemeines namens Verstand, das das Mittel zum Verständnis der Welt und der Menschen untereinander darstellt. Und wenn wir auch wie viele Philosophen daran glauben, dass die menschliche Vernunft über einige dauerhafte Prinzipien und absolute Erkenntnisse verfügt, die immer und überall gültig sind, so ist der Mensch eingestandenermaßen in seinem Vernunftstreben und seiner Problemlösung mittels der Vernunft derartig gefangen von seinen Begrenzungen, dass ein Großteil dessen, was er unter dem Einfluss hunderter begrenzender Faktoren gelernt, verstanden und wahrgenommen hat, bedingt und fehlerhaft ist. Die gewaltigen Veränderungen, die in unserem Geist und unserem Leben von Augenblick zu Augenblick auftreten, die Meinungsverschiedenheiten, die unterschiedlichen Ansichten und Auffassungen, die nicht nur zwischen den Anhängern der verschiedenen Glaubensrichtungen, sondern auch innerhalb der Untergruppen einer Religion existieren, ja selbst die Abweichungen innerhalb einer Untergruppe sind der aussagekräftigste Beleg und das klarste Zeugnis für die oben aufgestellte Behauptung. Das einzige allen Menschen gemeinsame und zugleich gesegnete Mittel, zum einen für die Rückwendung zum Dasein und zur Natur, welche das Buch der Seinswerdung und Schöpfung ist, und zum andern für die göttliche Eingebung, die das Buch der religiösen Gesetzgebung und der Religion darstellt, ist einzig die Vernunft und der menschliche Verstand – ein begrenzter und veränderlicher Verstand.

Ist damit etwa gesagt, dass dem menschlichen Geist alle Türen zur absoluten Wahrheit verschlossen sind? Wir wissen, dass einige der neueren Philosophen der abendländischen Geschichte dies bejaht haben. Sie haben entweder die Existenz der absoluten Wahrheit bestritten oder zumindest bekundet, dass wir keinen Zugang zu ihr haben. Folglich sind viele westliche Denker hinsichtlich der Religion zu dem Ergebnis gekommen, dass man sie völlig oder wenigstens im gesellschaftlichen und dem Diesseits zugewandten Leben außer Acht lassen muss. Also sind wir und die Vernunft etwas Begrenztes und Fehlerhaftes (freilich muss man dabei in Betracht ziehen, dass es bezüglich einer Definition der Vernunft, in der klassischen Zeit wie auch in der Gegenwart, keine einheitliche Meinung gibt).

Aber für einen Gläubigen, der aus tiefster Seele an einen mächtigen, weisen Gott glaubt, ist diese Aussage nicht überzeugend. Wir glauben nicht, dass es möglich ist, dass Gott seinen Diener zur Religion einlädt und dann kein einziger Weg zum wahren Kern der Religion führen soll. Jemanden an einen Ort einzuladen, der unmöglich zu erreichen ist, wird von einem jeden normalen Menschen als unvernünftig und unschön angesehen, zumal wenn die Einladung durch einen Gott erfolgt, den wir für weise und für den Schöpfer der Vernunft halten.

Meiner Meinung nach ist der sichere Weg, sich mit Gott zu vereinen, nicht der des Verstehens. Es ist der Weg des Herzens und nicht der der Vernunft, ein Weg, den die Religionen auch stets hervorgehoben haben. Die islamischen Lehrer haben uns dies beigebracht: „Al-ʿaql mā ʿubida bihi-r-raḥmān, wa-ktusiba bihi-l-ǧannān", die Vernunft ist das, wodurch der Barmherzige verehrt wird. Die Vernunft ist der Ursprung des Gebets und nicht der Ursprung der

Wahrnehmung, und an einer anderen Stelle hat man das Gebet als den Zugang zur Gewissheit bezeichnet, und nicht gesagt, dass man durch das Bekannte das Unbekannte erklären soll. So wie es im Heiligen Koran steht: „Wa-ʿbud rabbaka ḥattā ya'tīka-l-yaqīn" (Sure 15, 99: Und verehre deinen Herren bis die Gewissheit zu dir kommt). Der Weg zu Gewissheit und Erkenntnis sind der Gottesdienst, die Tat und die Reinigung des Inneren, das heißt, der erwünschte Weg zur religiösen Gotteserkenntnis ist der Weg der Vereinigung und des Erreichens und nicht der des Verstehens. Natürlich bedeutet diese Aussage keineswegs, dass die Kraft der Vernunft und die philosophische und die wissenschaftliche Erkenntnis abgestritten werden, gerade im Islam nicht, wo oft die Elemente des Räsonierens und Denkens nachhaltig betont worden sind. Aber man muss die Grenzen aller Funktionen der Seele erkennen, und jeder, der ein wahrhaftiger Gläubiger sein will, muss den Weg des Herzens beschreiten. Das wahre Wesen der Religiosität ist eine Erfahrung und kein Gedanke, eine Erfahrung, deren Wesen sich selbst herausbildet, die Beherrschung der Gelüste der Seele, die Ergebenheit gegenüber dem Zentrum des Dasein und das Berücktsein von dem Geliebten. Wenn dieser Weg beschritten ist, erreicht der Mensch Gott, und dieses Erreichen lässt sich nicht verstehen. Verstehen ist eine Tätigkeit der Vernunft, und der Mensch gelangt über die Ordnung der bekannten Begriffe zum unbekannten Begriff, und je nach der Verfassung des Denkenden, der zeitlichen und örtlichen Konstellation und hunderter anderer innerer und äußerer Faktoren ist das Verstehen in mehrfacher Hinsicht eine bedingte Sache.

Was wir gesagt haben, ist nicht neu. Abgesehen von den Ausführungen der religiösen Texte hierzu haben auch die großen Mystiker allesamt diese Unfähigkeit der Vernunft bestätigt. „Das Bein der Logiker besteht aus Holz, und ein hölzernes Bein ist nicht stabil" und nicht solide. Auf der Suche nach der Wahrheit haben sie zwar den Engpass der Vernunft hinter sich gelassen, aber auf der Suche nach der Vernunft der Vernunft haben sie keine Ausdauer gezeigt. Der wichtigste Punkt ist der, dass die großen Geister wie Abu ʿAli Sinā und viele der Philosophen, die sich streng auf die Wirksamkeit der Vernunft gestützt haben und in der vernünftigen und logischen Erkenntnis die wahre Erkenntnis gesehen haben, auch nicht behauptet haben, dass wir mit dieser in Begriffen denkenden Vernunft in der Lage sind, das Innerste der Wahrheit und den erhabenen Gipfel zu erreichen. Selbst wenn die Vernunft soviel Kunstfertigkeit besäße, würde sie uns nur bis zur Grenze der Erhabenheit führen und nicht zu ihrem Kern.

Der Weg des Herzens ist ein Weg, der uns zur Wahrheit führt. Die Wahrheit der Religion ist eine Art Erfahrung, die ein religiöser Mensch in der Tiefe der Seele und auf dem Grunde seines Herzens macht. Gewiss haben sich viele mystische Philosophen und theoretische Mystiker bemüht, eine plausible Richtung für dieses Wandern aufzuzeigen, aber der Weg ist der Weg der Vereinigung *(waṣl)* und nicht der des Verstehens.

Der entscheidende Punkt ist hier, dass auf diesem Weg des Herzens, der ein sicherer Weg ist, die Wahrheit zu erreichen, nur ein Vereinigter *(wāṣel)* zur Wahrheit gelangen kann. Mit anderen Worten gesagt ist der Weg des Herzens ein individueller Weg und kein kollektiver. Jeder muss selbst den Weg beschreiten, bis er am Ziel eintrifft, und wenn er ans Ziel gelangt, kann er den wahren Kern seiner Erkenntnis, die seine Präsenz erfordert, anderen nicht nahebringen.

Andererseits ist der Mensch ein gesellschaftliches Wesen, das dazu verurteilt ist, neben anderen auf der Erde zu leben. Solch ein Wesen benötigt ein Hilfsmittel, das er mit anderen gemeinsam hat, damit die Möglichkeit zu Kontakt und Umgang geschaffen wird. Die Sprache ist ein wichtiger Faktor der Kommunikation der Menschen untereinander. Aber die Sprache ist Symbol und Berichterstatter einer geistigen Realität, die im Denken der Menschen existiert. Der Mensch verfügt über Verstand und Erkenntnisfähigkeit, und unter anderem durch die Sprache macht er dem Anderen seine Erkenntnis, seine Auffassung, seine Einsicht und seine Sichtweise der tatsächlichen Begebenheiten und auch seine Empfindungen begreiflich. Er setzt den Anderen über das in Kenntnis, was in seinem Inneren vorgeht. Die Sprachfähigkeit ist das Zeichen des Verstandes, und als Verstand bezeichnen wir hier das allen Menschen gemeinsame Vermögen, das über Begriffe funktioniert. Mittels des Verstandes lässt sich etwas begreifen, und das Bindeglied zwischen dem Verstand und dem Gegenstand der Erkenntnis ist die menschliche Vernunft. Diese Vernunft ist, wenngleich nicht überall und immer, dennoch abhängig von vielen Voraussetzungen und Umständen, die außerhalb der Sphäre der Verfügbarkeit und Existenz des Menschen liegen. Der Mensch ist immer ein örtlich und zeitlich begrenztes Wesen, obgleich er hinsichtlich seiner Fähigkeiten ein unendliches Wesen ist. In der Tat ist mit materiellen und rein natürlichen Maßstäben allein die Größe der Existenz der Menschheit nicht messbar. Folglich ist der Kreis seiner Wahrnehmung eingeengt. Der Mensch ist ein Wesen, das von allen Arten von Gefühlsregungen beeinflusst ist. Seine Vernünftigkeit kann von seinem Wünschen und seiner emotionellen Neigung nicht unbeeinflusst sein. All dies hat zur Folge, dass dieser die Menschen verbindende Faktor in den meisten Fällen relativ und größtenteils fehlerhaft ist. Die Veränderung in den Auffassungen der Menschen ist in fast allen ihren Aspekten selbst ein beredter Zeuge für die Richtigkeit meiner Behauptung. Kurzum, ich denke nicht, dass es jemanden gibt, der diese Ausführung nicht akzeptiert.

Wenngleich also der Mensch ein Zeichen der transzendenten Welt inmitten seines Wesens besitzt, so lebt er doch jedenfalls in der diesseitigen Welt mit all ihren Beschaffenheiten und Begrenzungen, und er besitzt in dieser Welt ein Hilfsmittel namens Verstand, dessen Funktion es ist, diese Welt zu verstehen. Selbstverständlich ist das Verstehen dieser Welt, genau wie die Welt selbst, auch eine unbeständige, fehlerhafte Sache. Solange der Mensch sich in dieser Welt befindet und sein Leben in der Gemeinschaft zubringt, hat er keine andere Möglichkeit als mit eben diesem Hilfsmittel, das die Schöpfung ihm zur Verfügung gestellt hat, mit der Welt zurechtzukommen.

Der Mensch zieht mit den Hilfsmitteln Vernunft und Verstand zwei Bücher zu Rate; das eine ist das Buch des Daseins und der Natur, welches das Buch der Seinswerdung ist, das zweite ist das Buch der Offenbarung und des religiösen Gesetzes, welches das Buch der religiösen Gesetzgebung ist.

Der Mensch kann sich auf dem Weg des Herzens, aufgrund praktischer und durch sein Verhalten erworbener Erfahrung, mit der ewigen Quelle der Schöpfung und dem wahren Kern der Religion verbinden. Die Religion eines jeden ist auch eine Art von innerer Erfahrung, die durch die existentielle Verbindung mit der Quelle erfolgt. Aber wir, als verständige und wollende Wesen, die in dieser Welt ihr Leben zubringen und mitten im Herzen der Gemeinde leben und deren gemeinsames Hilfsmittel die Vernunft ist, die aus der Anstrengung unseres gemeinsamen Verstandes hervorgegangen ist, verstehen die Religion so wie wir die Natur verstehen. Auf der Grundlage unserer Vernunft setzen wir uns mit den Anderen in Verbindung. Unsere Vernunft, auch wenn sie feste Grundlagen besäße, ist aber bedingt und veränderlich. Genau hier wird eines der wichtigsten und größten Probleme der Gesellschaft der Gläubigen evident.

Viele der Gläubigen infizieren die Heiligkeit, die Freiheit und die Erhabenheit, die das Wesen der Religion und den wahren Kern des Glaubensinhalts ausmachen, mit den begrenzten, bedingten und örtlich wie zeitlich gebundenen Auffassungen von der Religion. Wenn im Laufe der Zeit Veränderungen im Geist und im Leben der Menschen erfolgen, treffen die alten Einsichten nicht mehr auf die Sachlage zu. Anstatt aber das zu enge Kleid der alten Auffassungen vom Körper abzustreifen und mit einer neuen Sichtweise auf die geistigen und unabdingbaren Quellen der Religion zu blicken und sie neu zu bewerten und eine vollkommenere und lebendigere Auffassung von der Religion zu erhalten, versuchen sie im Gegenteil, der Realität um jeden Preis ihre unzulängliche Auffassung aufzuerlegen. Dies ist auf Dauer nicht haltbar und auf kurze Sicht tragisch.

Die Sichtweise des heutigen Menschen von der Welt hat, verglichen mit den gestrigen Einsichten, gewichtige Veränderungen durchlaufen. Freilich hat man sich in der Vergangenheit bemüht, den Naturwissenschaften und den menschlichen Auffassungen vom Universum auch einen heiligen Anstrich zu verleihen, sodass also eine gewisse Auffassung von der Natur seitens der Kirche oder einiger anderer religiöser Kreise offiziell anerkannt wurde. Jahrhundertelang duldeten sie keine neue Sichtweise und keine Neuerung. Wie viele Erschwernisse und Unterdrückungen waren den Intellektuellen und Denkern auferlegt worden! Aber nach und nach veränderte sich diese Sichtweise. Heute gibt es kaum noch Christen, Muslime und Angehörige der anderen Religionen, die daran glauben, dass die „Offenbarung" *(waḥy)* und das himmlische Buch die Aufgabe der Menschheit hinsichtlich der natürlichen Dinge konzipiert haben. Vielmehr haben alle akzeptiert, dass man seinen Verstand und sein Denken bemühen muss, um die Welt und die Natur zu erkennen, und dass eine Theorie solange gültig ist, wie sie Fragen beantwortet und Bedürfnisse befriedigt. Die Theorie ist stets widerlegbar und im Zustand der Aufhebung begriffen. Aber diese Ansicht und Beurteilung wird im Bereich der Geisteswissenschaften noch immer nicht akzeptiert. Gewiss muss man zwischen abstrakten Diskussionen und empirischen Sachverhalten differenzieren. Wie viele Philosophen und Denker im Bereich der Geisteswissenschaften glauben an feststehende und allgemeingültige Axiome! Aber die Geisteswissenschaften führen gerade nicht zu feststehenden Axiomen. Diese Erkenntnisse des Menschen sind vielmehr spekulativ und resultieren aus anderen Theorien und mitunter auch aus offensichtlichen Sachverhalten.

Gerade in diesen Spekulationen und Schlussfolgerungen zeigen sich die Bedingtheit, die Begrenztheit und die Fehlschlüsse. Letztendlich sind die menschlichen Auffassungen von der Natur wie von der Religion veränderlich und wandelbar.

Der Mensch benutzt sowohl bei seinem Blick auf das Buch der Natur als auch auf das Buch des religiösen Gesetzes *(shari'at)*, beziehungsweise bei der Erforschung des „Seins" und der „Offenbarung", seinen Verstand und seine Vernunft, und sein Wissen setzt sich aus den Auffassungen zusammen, die er aus diesen beiden Quellen erwirbt. Diese Auffassungen sind die Auffassungen eines begrenzten und bedingten Menschen von der Wahrheit. Genauso wie die Veränderung der Sichtweise des Menschen und seine Erkenntnis der Natur nichts an der Realität ändern, so schädigen auch die Veränderungen im Blickwinkel des Menschen hinsichtlich der Religion nicht die Wahrheit, Heiligkeit und Substanz der Religion. Schaden und Verderbnis geschehen erst dann, wenn der Mensch (gleich wer er ist) seine Auffassungen von der Religion für die Religion selbst hält. In diesem Fall führt es dazu, dass er keine andere Sichtweise, keine andere Einsicht, kein anderes Verständnis und keine andere Auffassung mehr duldet. Wie viele Exkommunikationen von Gläubigen, Verketzerungen, Konflikte und Kämpfe resultierten im Laufe der Geschichte aus diesem großen Irrtum! Dabei Schaden genommen haben sowohl der Mensch, dessen vorantastendem Geist für einige Zeit die Wahrheit verschlossen blieb, als auch die Religion selbst, die wie das Denken erst nach einiger Zeit der Unterdrückung frei wurde. Weil das menschliche Denken den Glauben in einem zu engen Kleid und einem düsteren Raum mit einer besonderen Auffassung gesehen hat, wird es am Prinzip der Religion zweifeln.

In Anbetracht dessen, was wir ausgeführt haben und was als meine einleitende Diskussion zu sehen ist, kommen wir zu dem Punkt, der die Schlussfolgerung dieser Diskussion bildet.

In unserer Zeit der Religion zu dienen bedeutet, dass man mutig unterscheidet zwischen der Substanz der Religion, die etwas Erhabenes und Heiliges ist, und der menschlichen Auffassung, die grundsätzlich etwas Relatives, Beschränktes und Veränderliches ist. Infolgedessen bleibt sowohl die Religion an dem ihr eigenen heiligen Platz in der Tiefe des Herzens der Gläubigen erhalten, als auch der Weg positiver Veränderung im religiösen Denken begehbar. In Anbetracht der unterschiedlichen und teilweise gegensätzlichen Auffassungen, die hinsichtlich der Religion im Laufe der Geschichte belegt sind, der Unterschiede zwischen den Auffassungen der Mystiker, der Philosophen, der Überlieferer *(ahl-e ḥadith)* und der Frömmler sowie der Anhänger anderer Meinungen dürfen wir keinesfalls glauben, dass all unsere Errungenschaften die wahre Religion repräsentieren. Von Bedeutung ist, dass unser Zurateziehen der religiösen Quellen mit der richtigen, wissenschaftlichen und logischen Vorgehensweise und einer bestimmten und definierten Methodik geschieht, einer Vorgehensweise und Methodik, die wie jede andere menschliche Angelegenheit veränderlich und vervollkommenbar ist. Gewiss ist die Religion etwas Heiliges. Aber lassen Sie uns akzeptieren, dass unsere Auffassungen von ihr stets menschlich sind. Nur durch aufmerksame Betrachtung und das Überdenken dieses wichtigen Punktes kommt es dazu, dass der Mensch demütig wird, immer die Arme für Neuerungen ausgebreitet hält und auch die gesellschaftlichen und geistigen Erfahrungen der anderen Menschen nutzt.

Nur in diesem Fall kann und muss man bezüglich der Fragen und Bedürfnisse, die von Augenblick zu Augenblick neu aufkommen, eine lebendigere und produktivere Auffassung erlangen. Es sind dies die Fragen und Bedürfnisse, von deren Beantwortung das Schicksal der Menschen abhängt. Man kann freilich, wie ich oben bereits erwähnt habe, nicht jede haltlose Auffassung als eine gültige religiöse Auffassung ansehen. So wie man die willkürliche Auffassung des Menschen von der Natur nicht als ein physikalisch-naturwissenschaftliches Gesetz ansehen kann, so ist auch eine gültige religiöse Auffassung, wie jede wissenschaftlich logische Auffassung, an die Quellen des religiösen Denkens gebunden, insbesondere an den Heiligen Koran und an die Kenntnis ausgereifter Methoden, die religiöse Erkenntnis zu erlangen und anzuwenden. Was jedoch beim Durchschreiten dieser Stadien zu Tage tritt, ist lediglich unsere Auffassung von der Religion. Die Ewigkeit der Religiosität liegt darin, dass eine besondere Auffassung auf keinen Fall zeitlich und örtlich begrenzt und eingesperrt wird. Eine solche Sichtweise macht den Weg für Veränderung in allen Aspekten des Lebens der Gläubigen frei, ohne dass falsches Denken im Namen der Religion den Raum für die Gedanken einengt und ohne dass die wahre Religion und die Heiligkeit ihrer Substanz dabei Schaden nehmen.

Andererseits ist eine lebendige und konstruktive Auffassung der Religion von ihrer Präsenz am Schauplatz des aktuellen Lebens abhängig, und diese Präsenz ist in der heutigen Welt nicht möglich, ohne dass die wichtigsten Gegebenheiten der Zeit erkannt werden, ohne dass der Weg entdeckt wird, der zu diesen führt, und ohne dass die eigene historische und kulturelle Identität bewahrt wird. Nach meiner Ansicht ist die westliche Zivilisation eine gewichtige Realität unserer Zeit, obgleich uns der Westen keine erfreuliche politische Richtung anbietet. Es gibt nur wenige nichtwestliche Völker und Staaten, die den Schmerz der Knute der Unterdrückung des politischen und wirtschaftlichen Westens noch nicht auf ihrem Rücken verspürt haben, sei es in der alten Gestalt der Kolonisation oder sei es durch sein Streben nach immer größerer Ausdehnung. Dies ist allerdings nur eine Seite des politischen und wirtschaftlichen Westens. Der ganze Westen besteht aus einer Zivilisation, die ihre eigene Kultur besitzt, und diese Zivilisation und diese Kultur basieren auf speziellen und wertestiftenden Sichtweisen, ohne deren Kenntnis unser Wissen vom Westen eine oberflächliche, äußerliche und in die Irre führende Kenntnis sein wird. Wir müssen den Westen bei dem Prozess, ihn zu verstehen, fern von Rachegefühlen und Zuneigung betrachten und kennen lernen, und uns dann klugerweise einerseits vor seinen Gefahren hüten und uns andererseits seine Errungenschaften aneignen. All dies ist erst dann möglich, wenn wir die Stufe der geistigen und historischen Reife erlangen und unter ihrem Schirm die Fähigkeit zu unterscheiden und zu wählen erwerben und die Verantwortung für unsere Wahl übernehmen.

Im Namen des barmherzigen und gnädigen Gottes

Tradition, Modernisierung und Entwicklung[*]

Es gehört zu den Herzensangelegenheiten eines Großteils der Intellektuellen unserer Zeit – besonders in den nichtwestlichen Ländern – über die drei oben genannten Begriffe zu reflektieren und eine Beziehung zwischen den dreien zu finden.

Man kann sich vorschnell mit einer banalen und oberflächlichen Auffassung der oben genannten Begriffe begnügen und sagen, dass die Modernisierung etwas Westliches sei und sich nach dem Verschwinden der Tradition etabliert habe, und dass die Entwicklung, als Folge der Modernisierung oder zumindest parallel zu ihr verlaufend, für die Länder ein strategisches Ziel darstellt, die außerhalb des Bereichs der Denk- und Lebensweise des Westens liegen.

[*] Von 1996

Ausgehend von diesen einleitenden oberflächlichen Worten kann man den ebenso oberflächlichen Schluss ziehen, dass man modern sein müsse, um sich zu entwickeln, und Modernisierung allein unter dem Schirm der Auseinandersetzung mit der Tradition zu erlangen sei.

Aber dies alles sind wahrheitsferne Überlegungen, die lediglich diejenigen zufriedenstellen, die zu wenig und in unverantwortlicher Weise über den Menschen und sein Schicksal nachdenken. Das Problem ist zu kompliziert, als dass es so einfach zu lösen wäre.

Weder ist Tradition durch Wunschdenken und geistige Instruktionen leicht zu verändern, noch ist Modernisierung so leicht zu erlangen. Solange die Menschen sich nicht ändern, tritt auch keine schicksalhafte Veränderung in ihrem gemeinsamen Leben ein. Die Veränderung der Menschen ist überdies ein sehr komplizierter Prozess und nicht alle seine Faktoren scheinen in der Macht der Menschen zu liegen.

Wenn unsere Diskussion hierüber für den suchenden Geist ein, sei es auch noch so kleines, Fenster zu einem lichtvolleren Raum hin öffnen könnte, so müssen wir sehr froh sein.

Begriffe wie Tradition, Modernisierung und Entwicklung sind voller Unklarheiten und Unschärfe. Es herrscht noch immer keine Einigkeit über ihre Bedeutung, und vielleicht wird es sie auch niemals geben. Diese Unschärfe, die aus den unterschiedlichen Auffassungen, Vorurteilen und Interessen der Diskutierenden resultiert und auch die verschiedenen Standpunkte zeigt, die jeder von ihnen zu diesem Thema einnimmt, ist auch zum Auslöser für größere Missverständnisse geworden. Um die Möglichkeit eines Missverständnisses wenigstens zu verringern, ist es unerlässlich, dass jeder, der sich damit befasst, in diesen Fällen zunächst in aller Deutlichkeit darlegt, worauf er mit den Begriffen abzielt. Daher werde ich mich bemühen, die denkbaren Grundlagen des Themas als ersten und erfolgversprechenden Schritt in unserem Gedankengang klar zu stellen.

Was verstehe ich unter Modernisierung und Tradition? Wenn wir von Modernisierung reden, so meinen wir ohne Zweifel ein Phänomen oder eine Institution der modernen Phänomene. Aber ist jedes neue Phänomen im menschlichen Leben etwas Modernes? Oder ist die Modernisierung eine charakteristische Eigenschaft einer historischen Epoche und Ära? Die primitive menschliche Gesellschaft (sogar in ihrer einfachsten Ausprägung) unterliegt stetigen Änderungen, und neue Phänomene ersetzen die alten Phänomene, die das menschliche Leben ordnen. Der substantielle Unterschied zwischen der alten Welt und der neuen Welt liegt weder in der völligen Stabilität ersterer und der absoluten Veränderlichkeit letzterer, noch in der schrittweisen Veränderung ersterer und in der wahnwitzig schnellen Veränderung letzterer. Aber wir bezeichnen nicht jede neue Veränderung oder das Auftauchen eines neuen Phänomens in der Gesellschaft als Modernisierung, auch wenn diese Phänomene grundlegend und auffällig sein mögen. Meiner Ansicht nach bezeichnet man die Veränderungen, die in der jüngeren Zeit der menschlichen Geschichte im Westen stattgefunden haben, mit dem Terminus Modernisierung. Mit anderen Worten gesagt kann man als Modernisierung den Geist der neuen Zivilisation und die zu dieser passende Kultur bezeichnen.

Abgesehen von dem komplizierten Diskurs über die Beziehung zwischen Zivilisation und Kultur und davon, dass wir beide für zwei Aspekte einer Wahrheit oder zwei voneinander abhängige Dinge halten, so ist doch anzunehmen, dass jede Kultur mit einer bestimmten Zivilisation zusammenpasst. Wir wissen, dass jede neue Zivilisation durch die Zerschlagung der vorhergehenden Zivilisation zustande kommt, und natürlich hat die neue Zivilisation auch die alte Kultur mit hinweggefegt, die mit der alten Zivilisation zusammenpasste. In dieser neuen Epoche entstand, passend zur neuen Zivilisation, eine neue Kultur und ersetzte die frühere, so dass Modernisierung zum Inbegriff dieser Zivilisation und dieser Kultur wurde.

Zur Tradition:
Tradition ist, kurz gesagt, etwas, das mit der Vergangenheit zu tun hat. Aber man kann nicht alles Alte als Tradition bezeichnen. In der wissenschaftlichen Terminologie spricht man von göttlichen Traditionen, natürlichen Traditionen und dergleichen mehr. Diejenigen, die diese göttlichen oder natürlichen Traditionen akzeptieren, halten sie für unveränderlich. Diese Traditionen selbst künden von unveränderlichen, dauerhaften Dingen, und solange sie existieren, existiert auch die Tradition. Es mag sein, dass der Mensch bei der Entzifferung dieser Gesetze auch Fehler begeht und erst später sich seiner Fehler ge-

wahr wird. Aber was hier der Veränderung unterliegt, ist nicht das Gesetz selbst, sondern die Auffassung und das Verständnis des Menschen von diesem Gesetz, selbst wenn wir die Meinung vertreten, dass alles in der Natur des Universums sich verändert, wie der Philosoph Sadr ol-Mote'alehin, einer der größten islamischen Philosophen, der die These von der „elementaren Bewegung" vertritt, oder die Marxisten, die das Universum als von inneren Widersprüchen getrieben ansehen, wonach Bewegung und Veränderung wesenhafte und dauerhafte Eigenschaften sind. Dennoch sind sich alle über das Prinzip der Veränderung einig und sehen darin eine dauerhafte und ewige Tradition. Sicherlich ist mit Tradition in Gegenüberstellung zu Modernisierung nicht alles Alte gemeint; kurz, praktisch alle Menschen haben in Teilbereichen des Lebens eine Kette von dauerhaften Dingen akzeptiert und niemand verurteilt sie darum als Traditionalisten oder Antimodernisten. Was also meint man mit Tradition?

Meiner Ansicht nach ist Tradition hier etwas Menschliches, das heißt, sie hat mit der intellektuellen und emotionalen Wahrnehmung zu tun. Mit anderen Worten, Tradition besteht aus der Einsicht, der Norm sowie der gewohnheitsmäßigen und innerhalb der Gesellschaft zur Natur gewordenen Verhaltensweise, die alle zur Vergangenheit in Beziehung stehen. Tradition weist nach dieser Definition eine Affinität zur Kultur auf, und manches Mal ist die Tradition sogar selbst eine Verkörperung der Kultur. Aber man kann nicht jede Kultur als Tradition oder als traditionell bezeichnen. Tradition besteht vielmehr aus der gegenwärtigen Kultur in einer Gesellschaft, die einst eine Zivilisation besaß; nun ist diese Zivilisation untergegangen, aber die Kultur oder zumindest ein großer Teil von ihr lebt im Kern der Seele der Menschen weiter. Ich meine mit Zivilisation nicht unbedingt eine komplexe und fortgeschrittene Zivilisation, sondern eine Art von Lebensweise im allgemeinen Sinn des Wortes, die selbst das Produkt einer besonderen Beziehung zwischen der Zivilisation und dem Dasein darstellt. Sie manifestiert sich bei der Beantwortung der Fragen und der Befriedigung der Bedürfnisse, die als Folge der Etablierung dieser Beziehung zu Tage treten. Nach dieser Definition verfügen auch die primitiven Menschen über eine Art von Zivilisation. Die Menschheit hat, seit sie in der Form einer Gesellschaft lebt (und offensichtlich war dies schon immer so), eine Art von Zivilisation besessen.

Es ist durchaus möglich, dass die vergangene Kultur in der Gegenwart weiterhin existiert, während die grundlegende und gleichzeitig entstandene Zivilisation verschwunden ist. Denn die Kultur ist im Innersten der menschlichen Seele verwurzelt und natürlich dauerhafter als die Zivilisation, die konkreten Äußerungen des Lebens, die Institutionen der Gesellschaftsordnung sowie die Form und die Hilfsmittel der Begegnung des Menschen mit der Welt und den anderen Menschen (das was man eben Zivilisation nennt). Wie oft war es schon der Fall, dass die kulturellen Hinterlassenschaften Jahrhunderte nach dem Untergang einer Zivilisation im Kern der Seele der Menschen, die eines Tages diese Zivilisation ihr Eigen nannten, weitergelebt haben!

Mit anderen Worten ist Tradition die Verkörperung und die Manifestation der gestrigen Kultur im heutigen Leben, während die Zivilisation sich gewandelt hat.

Wann immer eine neue Zivilisation aufkommt und die dazu passende Kultur sich etabliert, sieht sich das Volk, das einst eine andere Zivilisation besaß, die verschwunden und zerfallen ist, aber dessen Kultur oder ein Teil der Kultur weiterlebt, mit einem Widerspruch konfrontiert, da es vor einer neuen Zivilisation oder Kultur steht. Einerseits unterliegen die Realitäten des Lebens den Bedingungen und Konsequenzen der neuen Zivilisation, und andererseits sind die Seelen mit Überzeugungen und Werten vertraut, die auf den ersten Blick mit den Überzeugungen und Werten der neuen Zivilisation nicht zusammenpassen. Heutzutage sind Völker und Nationen wie wir von diesem Widerspruch befallen. Die hauptsächliche geistige und gesellschaftliche Krise in unserer Gesellschaft, die einen substantiellen Unterschied zu unseren persönlichen Lebenskrisen aufweist, entsteht aus diesem Widerspruch. Solange dieser Widerspruch nicht von Grund auf gelöst wird, bleibt die Krise bestehen.

Die westliche Gesellschaft begann ihre eigene neue Zivilisation, indem sie ihre Tradition zerbrach. Das heißt, man darf den Ausgangspunkt der neuen Zivilisation erst dann ansetzen, als die weltanschauliche Tradition der Kirche und auch die gesellschaftlich-wirtschaftliche Tradition des Feudalismus angezweifelt und danach abgelehnt wurden. Anschließend kam es zum Konflikt, dessen Sieger auf dem Schauplatz die neue Zivilisation und deren neue Führer waren. Nun hat sich die neue Zivilisation im Zentrum ihrer Entstehung im Westen etabliert, und wenn wir auch nicht behaupten wollen, dass sie vollständig von Europa nach Amerika übergegangen ist, so kann man doch zumindest sagen, dass sie ihre zentrale Position dorthin verlagert hat. Von diesen beiden Punkten aus dominiert sie die ganze Welt; unter anderem hat sie das Leben in einem Land wie dem unseren nachhaltig beeinflusst.

Andererseits ist unsere vergangene Kultur nicht in ihrer früheren Form erhalten geblieben, obgleich sie mit der Zeit nicht mehr ganz so stark unter dem Einfluss der weltbeherrschenden westlichen Kultur und Zivilisation stand. Dennoch sind in jedem Fall unser aller Seelen nicht frei von dem nachhaltigen Einfluss der vergangenen Kultur oder eines großen Teils dieser Kultur, einer Kultur, die – gleich wie sie auch sein mag – Unterschiede zur vorherrschenden westlichen Kultur aufweist und ihr sogar entgegengesetzt ist.

Mit anderen Worten, wir haben eine Tradition oder Traditionen, die zur gleichen Zeit wie jene Zivilisation und parallel zu ihr entstanden sind. Nun gibt es diese Zivilisation nicht mehr, und die dominierende Zivilisation, die die Grenzen ihres Entstehungsortes überschritten hat und für sich in Anspruch nimmt, ihr Übergriff sei rechtens, hat in starkem Maße unser Leben beeinflusst.

Wie wir alle wissen, kam diese Zivilisation als Folge des Untergangs der mittelalterlichen Zivilisation und Kultur zustande.

Dieser aktuelle, krisenträchtige Konflikt in vielen Gesellschaften unterliegt den mannigfaltigen Auseinandersetzungen der modernen Zivilisation und Kultur mit den Traditionen, die die Fortsetzung der vorhergegangenen Kultur in dieser Zeit darstellen.

Vielleicht glauben manche, dass die neue Zivilisation lediglich mit der Kultur und der Zivilisation des Westens in Widerstreit lag, während wir im Mittelalter eine andersartige Kultur und Zivilisation besaßen. Infolgedessen bedeutet die Unvereinbarkeit der neuen Zivilisation und Kultur mit der mittelalterlichen Kultur und Zivilisation nicht unbedingt, dass jene Zivilisation und Kultur mit unserer vergangenen Kultur unvereinbar ist. Man kann sich zur Bekräftigung dieser Behauptung sogar auf die Unterschiede zwischen der islamischen und der christlichen Kultur und die Unterschiede zwischen der zu dieser Kultur passenden islamischen und christlichen Zivilisation stützen, die ja tatsächlich existieren. Aber um gerecht zu sein: Aus den existierenden Unterschieden zwischen den beiden Kulturen, der christlichen und der islamischen, ist keineswegs zu folgern, dass unsere Kultur mit der neuen Kultur übereinstimmt und mit ihr deckungsgleich ist. Vielmehr weisen die mittelalterlichen Kulturen im Westen und im Islam wesenhafte Gemeinsamkeiten auf. Die Übereinstimmung ist so groß, dass diese beiden Kulturen, wenn auch nicht identisch, so doch zwei Gattungen einer Art darstellen, wohingegen der Unterschied zwischen unserer Kultur, deren Wurzeln in der Vergangenheit liegen, und der Kultur, die mit der unser Leben beherrschenden neuen Zivilisation zusammenpasst, substantieller Natur ist.

Der wichtigste gemeinsame Zug unserer Kultur und unserer kulturellen Tradition mit der mittelalterlichen Tradition und Kultur, mit der der Westen kollidierte und woraus die Entstehung und Ausbreitung einer neuen Zivilisation resultierte, besteht aus der zentralen Stellung Gottes im Denken, im Glauben und im intellektuellen, Werte stiftenden und emotionalen System der Menschen, wohingegen in der neuen Zivilisation der im Diesseits verhaftete Mensch die Achse darstellt. Selbst aus der Sicht der großen Architekten der neuen Philosophie und des neuen Denkens wie Descartes, die am Anfang der Neuzeit auftraten und das Grundprinzip des Gottesgedankens und der Metaphysik verteidigten, weist der Mensch einen wesenhaften Unterschied gegenüber dem mittelalterlichen Menschen in der christlichen und islamischen Sichtweise auf, und die zentrale Rolle dieses Menschen in der Seinsordnung und zumindest in der kreatürlichen Welt unterscheidet sich vom Glaubensgegenstand der Vorgänger.

Allerdings gab es immer metaphysische, göttliche, mystische und religiöse Ideen im Westen, und es gibt sie noch heute, so wie es bisweilen im Mittelalter, besonders in der Welt des Islam, ketzerische und atheistische Ideen gab. Aber unsere Diskussion dreht sich nicht um den Ursprung der Existenz der Ideen und der Glaubensvorstellungen, sondern um die Auswirkungen jener Ideen wie auch deren Tiefe und Ausbreitung in der Gesellschaft und ihre Rolle im gesellschaftlichen Leben des Menschen. Niemand bezweifelt, dass Gott und Religion im Mittelalter das Zentrum des Denkens und des Lebens bildeten, während in der Neuzeit die Natur und der kreatürliche Mensch im Zentrum des Denkens und Lebens der Menschen stehen.

Im Mittelalter waren sich Muslime und Christen über die Echtheit der jenseitigen Welt einig oder hatten zumindest größeres Vertrauen in sie, während in der heutigen zivilisierten Welt mehr Wert auf das diesseitige Leben gelegt wird, um nicht zu sagen, man denkt überhaupt nicht mehr ans Jenseits.

Obgleich heute in der modernen Welt keine Spur mehr von der Dogmatik und dem Vertrauen in die experimentelle Wissenschaft zu finden ist, worauf die Nachfolgegenerationen des 18. Jahrhunderts des westlichen Menschen ihre Hoffnungen gesetzt und woran sie geglaubt haben, so sind doch heute noch Wissenschaft und Technologie, die aus der experimentellen Wissenschaft hervorgingen, die wichtigsten Faktoren, die das Leben lenken. Der heutige Mensch fühlt nicht die Notwendigkeit (zumindest nicht in profanen gesellschaftlichen Kreisen), nach einer Sinnquelle außerhalb des menschlichen und normativen Denkens, der Gefühle und experimentellen Fertigkeiten zu suchen, während früher sowohl der Blick des denkenden Menschen auf das Dasein als auch sein Verständnis von Wissenschaft von anderer Art waren. Bedeutung und Rang einer Wissenschaft und ihre Vorteile lagen damals keinesfalls in dem Nutzen, den man in dieser Welt aus dieser Wissenschaft zog, vielmehr wurde bei unseren Vorfahren die Wertschätzung der

Erkenntnis im Inhalt der Wissenschaft gesehen. Folglich zählten die Metaphysik und besonders die Theologie zu den angesehensten Wissenschaften.

Im gesellschaftlichen Leben, oder zumindest in einem beträchtlichen Teil von ihm, herrschte folgende Meinung vor: Das religiöse Gesetz *(shari'at)*, samt eines oberflächlichen Verständnisses der religiösen Quellen, war dominierend, und der Mensch fühlte nicht das Bedürfnis nach einer anderen Quelle und einem anderen Ursprungsort zur Bestimmung seiner Aufgabe außer dem Vorhandensein der „Offenbarung" *(waḥy)*. Der Mensch wollte jede andere Quelle der Offenbarung unterordnen und hat dies auch so erfahren. Es ist erwähnenswert, dass in der islamischen Welt die Philosophie, die mit der aristotelisch-neuplatonischen Rationalität als Zentrum Fuß gefasst hatte, trotz ihrer grundlegenden Verschiedenheit zu Philosophie und Rationalität der heutigen Menschen, von den beiden machtvollen Strömungen, der „*shari'at*" unter den Machthabern wie den einfachen Menschen, und des Sufitums *(taṣawwof)* unter vielen Eliten und Teilen des einfachen Volkes, an den Rand gedrängt und isoliert wurde.

Eine Deutung besteht darin (mit einiger Nachsicht), den Anfang der neuen Zivilisation für den Tag anzusetzen, als das große, ja einzige Maß der Wertschätzung der Wissenschaft in ihrer Nützlichkeit für das Leben in dieser Welt bestand, während in der früheren Zivilisation (der christlichen wie der islamischen) die Sichtweise und die Bewertung darauf beruhten, dass die diesseitige Welt ohne Belang war. Obgleich die Toleranz der Muslime in ihrer Begegnung mit dem Weltlichen wesentlich größer war als die der Christen, wurde es stets als verwerflich angesehen, sich das Leben in dieser Welt zum Ziel zu setzen.

Zusammengefasst:
1. Die heutige Zivilisation dominiert auch das Leben der nichtwestlichen Menschen.
2. Die heutige Zivilisation fordert die zu ihr passende Kultur.
3. Unser Leben, das dem konkreten Einfluss der jeweiligen Zivilisation unterliegt, ist vermengt mit der traditionellen Kultur, oder mit einem großen Teil der traditionellen Kultur, die mit der anderen Zivilisation zusammenpasst, die heute vergangen ist.
4. Die heutige Zivilisation nahm ihre Gestalt durch den Untergang der früheren Zivilisation und der zu ihr passenden Kultur an.

Akzeptieren wir also, dass die Unvereinbarkeit der modernen Zivilisation und Kultur mit unserer traditionellen Kultur zu den Hauptfaktoren der Krise in unserem Denken und Leben zählt. Nun stellt sich die Frage: Was soll man in dieser Phase tun?

Muss man etwa beständig an der Tradition festhalten? Oder muss man völlig in der westlichen Zivilisation und Kultur aufgehen und von ihr absorbiert werden? Oder kann man irgendwie anders diese Unvereinbarkeit auflösen, oder sie wenigstens zügeln und lenken, so dass sie letztendlich nicht zum Untergang und zur Auflösung unseres gemeinsamen Lebens und unserer historischen Identität führt?

Meiner Ansicht nach hat sich diese Frage noch nicht als eine grundlegende Frage für die Meinungsführer in den nichtwestlichen Gesellschaften gestellt. Solange dies nicht der Fall ist, kann man noch keine in jeder Hinsicht durchdachte Antwort und folglich keine Lösung der Krise erwarten. Dennoch hat gleichzeitig diese Frage immer das Denken und die Seele der Menschen beschäftigt. Je nach der Antwort, die auf diese Frage gegeben worden ist, sind verschiedene Strömungen zu Tage getreten, darunter die drei Strömungen der Traditionalisten, der Anhänger des Westens und der Reformer; drei Strömungen, von denen jede ein breites Spektrum von Ansichten und Geschmäckern umfasst, die trotz ihrer natürlichen Verschiedenheit, je nach den Unterschieden des gesellschaftlichen und geographischen Milieus, gemeinsame Aspekte besitzen, die zu berücksichtigen sind.

Es gab, und es gibt noch, nicht wenige Traditionalisten, die ständig auf der Tradition und allen ihren Aspekten, oder mit anderen Worten, die auf den geistigen und das Verhalten regelnden Gepflogenheiten entgegen der Modernisierung als etwas Heiligem beharrten und dachten, sie könnten, indem sie die Tür vor den schreckenerregenden Wogen der westlichen Zivilisation und Kultur verschlössen, in dem engen Kokon ihrer von den Vorvätern übernommenen Tradition weiterleben. Dieses verhängnisvolle Beharren zeitigte nicht das von dieser Gruppe ersehnte Ergebnis. Die westliche Zivilisation hatte sich bei ihrer historisch-geographischen Ausbreitung ihren Weg für traditionelle Gesellschaften – zumindest für einige ihrer Phänomene – offen gehalten, ohne dass die der Tradition verhaftete Gesellschaft irgendwelche Überlegungen hinsichtlich der Begegnung mit diesem neuen Phänomen angestellt hätte. Die Tradition und ihre Wächter fühlten sich nach und nach gezwungen, sich zurückzuziehen, ohne die Gesellschaft für die durchdachte Übernahme dieser westlichen Tradition vorbereitet zu haben. Folglich war die traditionelle Gesellschaft einer doppelten Krise ausgesetzt.

Andererseits gab es diejenigen, die dachten, dass die Krise lösbar sei, indem man die neue Zivilisation samt ihrer notwendigen Konsequenzen, darunter die Kultur der Modernisierung, vollends übernähme.

Die Modernisierung galt bei den Intellektuellen dieser Gruppe als der höchste erreichbare Punkt in der menschlichen Geschichte, insofern sie Fortschritt, Erlösung und Glückseligkeit von ihrer Übernahme abhängig machten. Infolgedessen müsse man den Weg zu ihrer Ankunft und Etablierung ebnen und die Hindernisse auf ihrem Weg beseitigen. Sie dachten, dass die Tradition ein bedeutendes Hindernis auf dem Weg zur Modernisierung sei und dass man durch den Kampf gegen die Tradition und mit deren Beseitigung das Haus für das Eintreten dieses gesegneten Gastes vorbereiten müsse. Traurigerweise wurden einige oberflächlich Denkende, die von einer Vielzahl von oberflächlichen und natürlich merkwürdigen Produkten des Westens angezogen und begeistert wurden, von diesen Vorstellungen befallen, und die Substanz dessen, was unter dem Namen Intellektualität in unseren Gesellschaften erschien, war meistenteils gerade diese Vorstellung. Das Ergebnis der Gedanken und des Verhaltens dieser Gruppe aber hatte nicht einmal einen der Knoten in den fest zugeschnürten Angelegenheiten dieser Gesellschaften gelöst, es vermehrte sogar die Schwierigkeiten und Unebenheiten des Weges. Zum einen verschloss ihnen ihr oberflächliches Denken den Weg vor der Reflexion über die Grundlage der Zivilisation und die Kultur des Westens und zögerte somit das Begreifen des richtigen Verhältnisses zwischen Tradition und Modernisierung hinaus.

Zum anderen konnten sie dadurch, dass sie die Tradition geringschätzten und verunglimpften anstatt sie zu analysieren und zu kritisieren, und dadurch, dass sie den tief wurzelnden Einfluss der Tradition auf die Menschen unterschätzten, in der Praxis vor der existierenden Realität in der Gesellschaft nichts Großes zustande bringen. Niemals haben sie innerhalb einer Gesellschaft, deren Seele mit der Tradition vertraut und an sie gewohnt war, eine Position einnehmen können. Sie waren unfähig, zu einer gemeinsamen Sprache des Gefühls und des Diskurses zu gelangen. Infolgedessen gingen sie alle in peinigender Isolation zugrunde, ohne dass ihre Worte einen entscheidenden Nachhall in der Gesellschaft erfahren hätten; oder noch schlimmer, sie hängten sich an den Rockschoß menschenfeindlicher Regime, um sich über Wasser zu halten; oder sie wurden in der Praxis, und in vielen Fällen bewusst, in ihren Ländern Agenten der kolonisatorischen Seite des Westens.

Tradition, Modernisierung und Entwicklung 99

Weil diese beiden Antworten, gleich welche Motivation ihnen zugrunde liegen mag, nicht sehr realistisch sind, werden sie in der Praxis keine Nachwirkung zeitigen, außer dass sie im Denken noch mehr Verwirrung schaffen, die Krise verstärken und aus der Sackgasse nicht mehr herausfinden.

In der realen Welt kann man weder durch das Ausstellen von Rechtsgutachten *(fatwā)* und durch Gedankenspielereien dem Einfluss der westlichen Tradition und Kultur in der Gesellschaft Einhalt gebieten, noch lässt sich die Tradition mittels Edikten und Verfügungen aus der Gesellschaft entfernen. Das Leben der Menschen unterliegt stetiger Veränderung, und nicht alle ihre Faktoren liegen in der Verfügung der Menschen. Entscheidend ist, mit welchem Plan man bei diesem Veränderungsprozess in eine bewusste, aktive Teilnahme eintreten und, anstatt sich in blinder Knechtschaft von den Ereignissen treiben zu lassen, diesen mit Nüchternheit und Wachsamkeit die Stirn bieten kann.

Neben diesen beiden imaginären Lösungswegen hat es auch seitens einiger leidgeprüfter und besorgter Intellektueller, die sich alle, trotz vieler Unterschiede, die sie untereinander aufweisen, unter den allgemeinen Begriffen Reformisten und Reformer subsumieren lassen, den Entwurf einer anderen Antwort auf das Schicksal ihres Volkes in den Ländern, zu denen wir auch zählen, gegeben.

Obwohl durch die Reformbewegung, die seit hundert Jahren in unserem Land vonstatten geht, größere Hoffnung auf eine bessere Zukunft besteht, so ist es doch eine Tatsache, dass diese Bewegung auch unter dem Einfluss der tiefen und umfassenden Krise, die unser gesellschaftliches und geistiges Leben ergriffen hat, in den meisten Fällen der Ratlosigkeit und der Verwirrung ausgeliefert ist. Obwohl die Reformer sich im Grunde genommen auf diese beiden Prinzipien stützen:

1. das Prinzip der „Rückwendung zu sich selbst" und der Erneuerung der kulturellen und historischen Identität ihrer Nation und Gemeinschaft, und
2. das Prinzip der „konstruktiven Auseinandersetzung mit den Errungenschaften der menschlichen Zivilisation" bei aufmerksamer Beobachtung des westlichen Kolonialismus,

so herrscht dennoch zwischen den unterschiedlichen Reformrichtungen keine Einigkeit über die eigene Identität, zu der man zurückfinden muss, sowie über die Aspekte des westlichen Lebens, die man von diesem übernehmen, absorbieren und verarbeiten muss. Man kann sogar unterschiedliche und mitunter gar widerstreitende Strömungen innerhalb dieses breiten Spektrums der Reformsuche ausmachen, so als würden die in jenem Kreis dargelegten Ideen unter Verwirrung, Phantasterei und einer gewissen Art von Oberflächlichkeit leiden.

Trotz alledem muss man diese Reformer als kluge Pioniere und leidgeprüfte Vorreiter lobend hervorheben, die die Krise und die gefährliche Lage ihrer eigenen Gesellschaft erkannt haben und tapfer und aufopfernd der Bewegung zur Errettung aus dem Elend und der Erniedrigung den Weg gewiesen haben.

Sie selbst haben bis an die Grenze ihres Vermögens die ersten Schritte auf diesem unebenen und gefährlichen Weg unternommen. Die Größe ihrer Leistung wird erst dann ersichtlich, wenn man sie mit der Vorgehensweise derer vergleicht, die der Tradition verhaftet sind und den Westen bekämpfen, sowie mit der Vorgehensweise derjenigen, die dem Westen verhaftet sind und die Tradition fliehen. Was seit der Begegnung, die während der vergangenen zwei Jahrhunderte intensiver geworden ist, zwischen der islamischen Welt und der westlichen Zivilisation gewonnen wurde, ist eine schwerwiegende Erfahrung, deren Nichtbeachtung katastrophal ist. Meiner Ansicht nach kann man auf Grund dieser Erfahrung zu dem Ergebnis gelangen, dass jeder Lösungsweg für die Krise einerseits eine Überlegung und ein Überdenken auf der Grundlage der neuen Zivilisation voraussetzt und andererseits Vertrautheit, Zuneigung und den ernsthaften Dialog mit der Tradition. Das Fehlen beider oder eines von ihnen wird verhängnisvoll sein. Ich werde im Fortgang der Diskussion auf diesen Punkt ausführlicher eingehen.

Und nun gibt es uns und die verhängnisvolle Vergangenheit und die unklare Zukunft, und wir befinden uns zwischen jener Vergangenheit und jener Zukunft, in eine Welt geworfen, die unter der Dominanz der westlichen Kultur, Politik, Wirtschaft und Ordnung steht.

Und nun gibt es uns und die Entwicklung, die eine bewährte Form des Fortschritts des Westens darstellt. Wir müssen möglichst bald unsere Aufgabe ihr gegenüber klar umreißen. Die

Bestimmung der Aufgabe ist von der Kenntnis der Entwicklung abhängig, und deren Kenntnis wird nur möglich sein, wenn man über die Grundlagen und Anfänge der Idee und der Zivilisation des Westens nachdenkt.

Wir müssen nun festhalten: Haben wir angesichts der Wogen der Entwicklung keine andere Möglichkeit, als der Resignation ohne Wenn und Aber nachzugeben? Oder lässt sich, indem wir ihre Grundlagen durchschauen, ein anderer Weg finden, dessen Beschreiten, bei gleichzeitigem Genuss der Vorteile dieser Entwicklung, verhindert, dass wir als ein Volk, das seiner Identität verlustig gegangen ist, von den aus der westlichen Zivilisation hervorgegangenen Gewohnheiten und Gebräuchen absorbiert werden?

Freilich liegt eine ausführliche Diskussion des Wesens, der Grenze und der Spezifikationen der Entwicklung außerhalb des Rahmens dieser Rede, aber es ist von großer Bedeutung, an das Problem zu erinnern, dass Entwicklung, wie auch viele andere in unserer Zeit geläufige Begriffe, eine westliche Wurzel und Herkunft aufweist. Damit ist eine Form des Lebens gemeint, die im Westen realisiert wurde. Mit anderen Worten, abseits theoretischer Diskussionen und Auseinandersetzungen hierüber lässt sich Entwicklung folgendermaßen definieren (oder zumindest meine ich mit Entwicklung folgendes):

„Die Etablierung einer Lebensordnung auf der Basis der grundlegenden Maßstäbe und Vorlagen der Zivilisation des Westens". Teilen wir nicht die Welt in die beiden Teile entwickelt (d.h. das auf der Grundlage der Maßstäbe der westlichen Zivilisation geordnete Leben) und unterentwickelt? Und halten wir nicht die Länder für Schwellenländer, die danach streben, das Muster des gesellschaftlichen Lebens des Westens zu übernehmen? An dieser Stelle soll das Verhältnis zwischen Tradition (die den Inbegriff der vergangenen Kultur darstellt) und Modernisierung (die den Inbegriff der neuen Zivilisation und Entwicklung darstellt) in ernsthafter Form diskutiert werden.

Also ist Entwicklung etwas Westliches und basiert auf der westlichen Zivilisation, einer Zivilisation, deren Seele die Modernisierung bildet. Demzufolge ist es sogar unmöglich, Entwicklung zu erkennen, ohne über die theoretischen Ursprünge und Werte stiftenden Grundlagen der westlichen Zivilisation nachzudenken und zu reflektieren, geschweige denn über die Übernahme oder die Ablehnung jener Zivilisation eine Entscheidung zu treffen. Bevor aber über deren Grundlagen nicht debattiert wurde, ist meiner Ansicht nach eine Diskussion darüber irreführend. Es gibt Leute, die meinen, dass die Nationen der Rückständigkeit und dem Untergang geweiht sind, es sei denn, sie übernehmen diese Entwicklung und fügen sich den Notwendigkeiten und Folgen. Da die Entwicklung ein Produkt der Modernisierung ist, gibt es also keinen anderen Weg, um im Wohlstand zu leben, als zum Modernisten zu werden und sich auf die neue Zivilisation einzulassen.

Obige Beurteilung ist erst dann richtig, wenn wir die westliche Zivilisation, die den Geburtstort der Entwicklung darstellt, als die endgültige Zivilisation ansehen, und dann sagen, dass kein Mensch davor fliehen kann, sich diesem letzten Kreis der Vollkommenheit des Gemeinlebens hinzugeben. Aber diejenigen, die die Zivilisation des Westens, wenngleich sie die jüngste ist, nicht als die endgültige Zivilisation ansehen und sie, wie jede andere menschliche Sache auch, für etwas Bedingtes, Begrenztes und Vergängliches erachten, geben sich damit nicht zufrieden. Es ist freilich eindeutig, dass die Ablehnung dieses Vorschlages nicht gleichbedeutend mit der Resignation derer ist, die der Tradition verhaftet sind, und derer, die nach rückwärts gewandt sind, sowie mit der Ablehnung jeglicher Maßstäbe der Entwicklung, sondern es bedeutet, die Gesamtheit der Ansichten derer zurückzuweisen, die meinen, man müsse sich völlig von den Wogen der Entwicklung im westlichen Sinne tragen lassen. Aber auf jeden Fall zählt die Frage der Entwicklung zu den wichtigsten Sorgen der Intellektuellen und Aktivisten der Gesellschaften, in denen wir leben. Es ist erwähnenswert, dass diesbezüglich die Aufgabe der leidgeprüften Intellektuellen und Denker sich von der der Politiker und Staatsdiener unterscheidet, die die Verwaltung der Gesellschaften als ihre Pflicht empfinden, obzwar eine Lösung erst dann möglich ist, wenn Politik und Gesetzgebung dem Denken und der Überlegung folgen und nicht einen zwingenden Rahmen für das Denken bilden.

Was für uns, die wir in dem Bereich Einsicht und Denken verweilen, wichtig ist, ist, dass wir uns davor hüten, sorglos und ohne nach den Grundlagen und Grundzügen der neuen Zivilisation zu fragen, die die Basis und den Ursprungsort der

Entwicklung bildet, uns auf einmal unüberlegt von den nach Entwicklung suchenden Wogen in die Seele dieser Zivilisation, also die Modernisierung, tragen zu lassen. Selbst wenn es keine andere Wahl gäbe, als die Entwicklung in der Form zu übernehmen, wie sie im Westen erprobt worden ist, dann zählt auch die Frage nach ihren Grundzügen und Folgen zu den wichtigsten Aufgaben des wahrhaftigen Denkens und der Intelligenz. Es ist in der Tat so, dass es ohne Denken niemals zu einer wirklichen und grundlegenden Entwicklung kommt.

Denn:
1. Entwicklung ist keine mechanische Sache, die, ohne dass ein denkender Mensch vorhanden wäre, eintritt und alleine ans Ziel gelangt.
2. Eine gedankenlose Gesellschaft verliert sich an der ersten Station, wo sie dem Problem gegenübersteht. Es versteht sich von selbst, dass die menschlichen und gesellschaftlichen Probleme weder mit Hilfe von Gewalt und bloßer Gesetzgebung noch durch die Anordnungen der Politiker gelöst werden, auch wenn sie dadurch für kurze Zeit verborgen bleiben.

Mit einem Wort gesagt ist die Bestimmung unserer letzten Aufgabe gegenüber der Entwicklung von der Bestimmung unserer letzten Aufgabe gegenüber der neuen Zivilisation und deren Seele, also der Modernisierung, abhängig, die immer noch das dringlichste Problem ist, für uns, die wir diejenigen sind, die im Sturm des furchterregenden Zusammenstoßes der Tradition (die die Grundlage unserer Persönlichkeit und kulturellen, historischen Identität darstellt) mit der Modernisierung (die ein wichtiges Geschehen der Geschichte und eine mächtige Realität der Zeit darstellt) in einer ernsthaften Krisensituation leben; einer Krise, die sogar viele derjenigen, die nach einem Ausweg daraus suchen und nach Reformen streben, verschlungen hat.

Uns ist noch die bittere Erfahrung derjenigen, die sich nach dem Westen richteten, und derjenigen, die der Tradition verhaftet blieben, gegenwärtig. Den Erfordernissen des Denkens, der Klugheit und der Intelligenz entsprechend, sollten wir diese schädlichen Erfahrungen vermeiden. Allein aus diesen Erfahrungen aber lernen wir, einen besseren Weg zu finden.

Die neue Zivilisation ist, wie ich bereits erwähnt habe, eine bedeutende Realität der jüngsten Epoche der Geschichte der Menschheit, und sie hat zudem positive, bemerkenswerte Errungenschaften für die ganze Menschheit hervorgebracht. Aber sie hat auch nicht wenige negative Seiten aufzuweisen. Diese negativen Seiten beschränken sich nicht allein auf die politisch-wirtschaftlichen Verbrechen des Westens außerhalb seiner geographischen Grenzen, auch in seinem Inneren sieht sich der Westen großen Problemen gegenüber, die zu fast allen Zeiten große wirtschaftliche, gesellschaftliche und geistige Krisen ausgelöst haben. Wenn wir Orientalen nicht so mit uns selbst beschäftigt wären, wüssten wir zumindest die Katastrophen, die die kolonisatorische Seite der westlichen Zivilisation hervorgerufen hat, besser einzuschätzen. Wenn der Mensch nicht ein Spielzeug der Ereignisse ist und in jedem Fall und überall die Wahl hat, was können wir dann angesichts der westlichen Zivilisation wählen? Es liegt auf der Hand, dass die richtige Wahl auf einem vernünftigen Wissen und einer vernünftigen Beurteilung gründet. Wichtig ist allein, dass wir gegenüber dem Westen und seiner Seele (die Modernisierung) sowie deren Ergebnis (die Entwicklung) diesen Wissensstand erlangen und zu der richtigen und logischen Beurteilung kommen.

Die westliche Tradition ist auch etwas vom Menschen Geschaffenes und daher bedingt und vergänglich, es sei denn, jemand behauptet törichterweise, dass mit dem Aufgang der Sonne der neuen Zivilisation die Quelle des Fragens und der Bedürftigkeit des Menschen ausgetrocknet sei. Ist diese Zivilisation nicht eine Antwort auf die neugierige Seele des Menschen, die unausgesetzt nach der Existenz, der Welt und dem Menschen fragt? Sind es nicht die sich ständig erneuernden Bedürfnisse des Menschen, die ihn dazu antreiben, diese Bedürfnisse zu befriedigen? Ist es nicht so, dass die Zivilisation aus den Antworten hervorgegangen ist, die der Mensch auf seine unterschiedlichen und komplizierten Fragen und Bedürfnisse gibt? Selbstverständlich sind die bedeutsamen und historischen Fragen und Bedürfnisse die, deren Beantwortung die Zivilisation hervorbringt, und die Fragen und Bedürfnisse stellen sich auch unter spezifischen zeitlichen, örtlichen und historischen Bedingungen, die natürlich die Farben und Zeichen der Zeit, des Ortes und der Geschichte auf ihrem Gesicht tragen. Daher werden die Zivilisationen sich wandeln, denn es gibt keine ewig währende Zivilisation. Meiner Ansicht nach existieren die Fragen und Bedürfnisse des Menschen, solange er existiert, und jede Frage, die beantwortet wird und jedes Bedürfnis, das befriedigt wird, konfrontiert den Menschen mit Dutzenden von neuen Fragen und Bedürfnissen. Die Vollkommenheit des Lebens ist letztendlich auch das Produkt des Prozesses der komplexen Seele des Menschen.

Jede Zivilisation bleibt so lange bestehen, wie sie unter Nutzung ihres eigenen Potentials in der Lage ist, auf die Fragen der Menschen eine Antwort zu geben und ihre Bedürfnisse zu befriedigen. Aber die Zivilisation ist, wie jedes andere menschliche Phänomen auch, etwas Weltliches und Begrenztes. Sobald ihr eigener Vorrat zur Neige geht, und sie nicht mehr imstande ist, die passende Antwort auf die Fragen zu geben, geht nach und nach diese Frische und der Geist der Hoffnung bei den Angehörigen dieser Zivilisation verloren. Die Frage nach den inneren Problemen der Zivilisation verwandelt sich in die Fragen nach der Grundlage der Zivilisation, und so sind die Zivilisationen Zerfall und Untergang ausgesetzt.

Die westliche Zivilisation hat sich bislang großen Krisen gegenüber gesehen, von denen die bedeutendste gerade jene war, die sich im 19. Jahrhundert zugetragen und sich bis ins 20. Jahrhundert hinein erstreckt hatte und die sie mit der ihr innewohnenden Stärke durchgestanden hat. In zwei Weltkriegen hat sie ihr hässliches Gesicht gezeigt. Aber der Kapitalismus und der Liberalismus des Westens vermochten sich, dank der Ausgewogenheit seiner Grundlagen, gegen ihren mächtigen Kontrahenten, nämlich den Sozialismus, letztlich durchzusetzen. Dagegen verursachte die innere und grundlegende Schwäche des Kontrahenten, dass die sozialistische Welt vor den staunenden Augen der Menschen auseinanderbrach. Aber es ist eindeutig, dass die westliche Zivilisation noch mit anderen tiefen Krisen zu kämpfen hat, den Krisen, die aus den Fragen nach dem Wesen der Zivilisation des Westens zu entstehen scheinen, und die ein Zeichen der Auflösung oder des geringer werdenden Vertrauens in die dauerhafte Macht und den Verdienst dieser Zivilisation zu sein scheinen. Wenn es auch schon davor Anzeichen für diese Fragen gegeben hat, so sind sie aber heute gewichtiger und umfassender geworden.

In jedem Fall ist der Protest gegen die philosophischen, ethischen und Werte stiftenden Grundlagen der neuen Zivilisation heute viel breiter geworden als früher.

Ein Blick auf den Ursprung der westlichen Zivilisation und die geistigen und materiellen Faktoren, die seit ihrer Entstehung und Ausbreitung wirksam waren, hilft uns dabei, das Heute und Morgen dieser Zivilisation zu bewerten. Es ist richtig, dass die menschliche Neugier, die neuen Fragen der Menschen sowie die Unfähigkeit der mittelalterlichen Zivilisation und Kultur, auf diese Fragen sowie auf die Wahrnehmungen und auf die Annahme dieser neuen Bedürfnisse zu antworten, und die Zuhilfenahme von geistiger und körperlicher Gewalt und Unterdrückung, um die Fragen abzuwiegeln und die Bedürfnisse zu unterdrücken, zu den wichtigsten Ursachen dafür zählten, dass diese Fragen und Bedürfnisse zu einer geistigen und gesellschaftlichen Umwälzung geführt haben, als deren Folge jener alte Bau des klerikal-feudalistischen Mittelalters zusammenbrach. Es wäre jedoch naiv, die Fragen, die die Neugier des Menschen am Ende des Mittelalters hervorbrachte, und die logische Antwort der sich damit auseinandersetzenden Menschen auf diese Fragen für den einzigen und sogar wichtigsten Faktor für die Entstehung der westlichen Zivilisation zu halten. Vielmehr kommen zu den Fragen, zusätzlich zu den Bedürfnissen und deren Befriedigung, unter dem Einfluss der unterschiedlichen geistigen und gesellschaftlichen Faktoren, Motivationen hinzu, die nicht alle rational und logisch waren. All dieses bildete die Beweggründe für die Entstehung und Beständigkeit dieser Zivilisation.

Freilich besteht kein Zweifel daran, dass diese rationale und logische Antwort auf die Fragen und Bedürfnisse ihrer Zeit auf die Entstehung der neuen Zivilisation eingewirkt hat.

Aber zum einen waren gerade diese Antworten selbst in den verschiedenen geistigen Faktoren, emotionalen Vorurteilen und unterschiedlichen seelischen Motivationen begründet und stellten gleichzeitig auch eine Reaktion auf die Strenge des Mittelalters dar. Man kann und muss im Umkehrschluss viele der im Folgenden genannten Faktoren und deren Motivationen in jener beschämenden Situation, die zur Reaktion führte, erkennen. Die kirchliche Verschwendungssucht, das geschlossene religiöse Glaubenssystem des Mittelalters, die Zuhilfenahme von Gewalt, um den engen Blickwinkel zu verteidigen, und eine menschliche Auffassung von Religion und Welt, die eine heilige Färbung angenommen hatte, verursachten eine übertriebene Reaktion, woraufhin nicht nur das unziemliche

Gebaren der religiösen Sachwalter abgeschafft wurde, sondern auch viele dieser Zweifel an den jeweiligen Realitäten und deren Ablehnung die Grundlage und Vergeistigung der Religion infizierten, und das irrige Beharren der geistlichen Herren wurde für die Basis der Realität und für die Auffassung von der offiziellen und überlieferten Religion schlechthin gehalten. Man kann in gewissem Maße die Motivation für dieses übermäßige Hinwenden der Modernisten zur Welt und der Abwendung vom Geistigen als Folge dieses beschämenden emotionalen Zustandes ansehen.

Andererseits darf man Neugier und Wissensdurst nicht für die alleinigen Anfänge der neuen Zivilisation halten. Vielmehr haben Habgier, Begehrlichkeiten und Forderungen, die lediglich auf das Diesseits bezogen waren, bei der Begründung der neuen Zivilisation eine Rolle gespielt, unter deren Schirm viele erhabene und geistige Wahrheiten des Menschen vernachlässigt wurden und sogar verpönt waren.

War die bejubelte Rolle der bürgerlichen Klasse, die das antreibende Moment für die neue Zivilisation war, bei der Entstehung und der Führung dieser Zivilisation weniger einflussreich als die Rolle der Intellektuellen in der ersten Periode der Neuzeit? Was die Bourgeoisie leitete, war nicht, dass sie ungeduldig ihr Recht ersehnte und dass sie um die Auffindung der Wahrheit bemüht war und dass sie beides vor den Vorstellungen und der Strenge der Kirche und des Feudalismus retten wollte, sondern sie wurde vielmehr davon geleitet, dass sie ihre Begehrlichkeiten und ihre hochfliegenden Träume umsetzen und in den Genuss der Vorzüge des materiellen Lebens kommen wollte.

Freiheit, Brüderlichkeit und Gleichheit, die stets das Wunschziel der Menschen gewesen sind, war die zentrale Parole des berühmtesten Phänomens der neuen Zivilisation, nämlich der großen Französischen Revolution. Aber gerade diese Parole bildete in Wahrheit das Werkzeug in der Hand der neuen Schicht der Menschen für den Kampf gegen den Kontrahenten aus dem Feudaladel, um ihre Forderungen, Wünsche und die Unersättlichkeit der Neureichen durchzusetzen. Man kann sogar behaupten, dass in den meisten Fällen die Gelehrten und Intellektuellen in Wahrheit die logischen und rationalen Rechtfertigungen für die Forderungen und hochfliegenden Wünsche der neuen Klasse lieferten.

Es darf nicht unerwähnt bleiben, dass aus diesen natürlichen Auseinandersetzungen viel Neues und Nützliches hervorging, woraus die Menschheit Nutzen zog und noch zieht. In vielen Fällen entstanden der Menschheit daraus auch größere Fortschritte. Aber so wie wir diese neue Zivilisation im Spiegel der modernen Wissenschaft, der Technologie, der Elektrizität, des als natürlich empfundenen Gedankens der Freiheit, des Rechts auf Selbstbestimmung und Demokratie sowie der politischen Macht nach dem Willen und der Kontrolle der Menschen und dergleichen mehr von den geschätzten Errungenschaften der Menschen sehen, dürfen wir auch nicht den anderen Aspekt und die andere Seite dieser Zivilisation, nämlich die Kolonisation, die grausame und blutige Unterdrückung der nichtwestlichen Menschen, die Plünderung der materiellen und geistigen Reichtümer anderer, die Vernichtung der Ökologie, die Ausbreitung von Stürmen falscher Propaganda, den Opportunismus und auch den Untergang vieler geistiger und moralischer Werte des im Diesseits verhafteten Lebens der heutigen Menschheit, außer Acht lassen. All dies sind die Folgen der westlichen Zivilisation, und es ist falsch und ungerecht, wenn diejenigen, die über die Modernisierung und deren Produkte nachdenken, all dies nicht nebeneinander betrachten.

Wenn wir also akzeptieren, dass der Mensch durch Bewusstwerdung und freien Willen imstande ist, seinen Weg auszuwählen und bisweilen sogar auf die gesellschaftlichen und historischen Bedingungen des Weges, den er ausgewählt hat, zu seinen Gunsten einzuwirken, so ist es nicht logisch und nicht natürlich, dass er bedingungslos der Hegemonie des Westens ausgeliefert sein soll. Genauso ist es weder möglich, noch, wenngleich möglich, vernünftig und vorteilhaft, wenn er sich unvernünftigerweise gegen viele Seiten der westlichen Zivilisation stellt. Der erste Schritt ist für uns, den Westen richtig kennenzulernen.

Andererseits kann man der Tradition nicht oberflächlich begegnen. Tradition ist der Grundstoff der historischen und gesellschaftlichen Identität der Völker, insbesondere der Völker, die eine mächtige Zivilisation und fruchtbare Kultur ihr eigen nennen. Tradition ist die Kristallisierung der Kultur einer Gesellschaft, und es existiert keine Gesellschaft ohne Kultur. Das weise Wort von Aristoteles in seinem Buch *Politeia* über die

Rolle der Gewohnheit und die Notwendigkeit, nach ihr zu streben, um das Wohlleben einer Gesellschaft und der Stadt *(madina)* zu sichern, ist noch immer beachtenswert.

Der Zerfall der Tradition bedeutet die Vernichtung und den Untergang der Grundlage der historischen Identität eines Volkes. Wenn ein Volk eine Veränderung erlebt, muss es sich zunächst in Anlehnung an seine historische Identität als existent empfinden, damit es imstande ist, sich von jenem Punkt aus fortzubewegen. Freilich ist Tradition in den meisten Fällen das Hindernis für Veränderung und Fortschritt und es gibt keine andere Möglichkeit, als mit dieser Tradition zu brechen. Aber es ist erst dann konstruktiv, eine Tradition zu zerbrechen, wenn dieses Zerbrechen der Tradition selbst von einer Tradition getragen wird, so wie wir es in der Neuzeit der Geschichte erleben. Ist es nicht so gewesen, dass der Westen erst durch den Rückgriff auf die Tradition erwacht ist? Dass die Intellektuellen auf die griechische geistige und künstlerische Tradition und auf die gesellschaftliche Tradition Italiens (Renaissance) zurückgegriffen haben, und die Religiösen auf das, was sie als die Wahrheit der Religion Jesu und die richtige Tradition des Christentums (Reformation) empfanden? Und dass solche Rückgriffe den Ursprung dieser epochemachenden Bewegungen bildeten?

Diese beiden Gruppen waren sich darin einig, dass ihre zeitgenössische Tradition abzuwerfen sei. Aber sämtliche Bedingungen waren derart, dass dabei die Bürger mit der Unterstützung der nichtreligiösen (nicht unbedingt antireligiösen) Intellektuellen den Sieg davongetragen haben. Auf der Basis des neuen Rationalismus, der selbstverständlich unter Rückgriff auf den antiken Rationalismus begründet worden war, und in Abwesenheit der Religion oder in Anwesenheit der in die Isolation getriebenen Religion haben sie den hehren Grundstock für das große Gebäude der neuen Zivilisation gelegt. So gibt es also keine andere Möglichkeit im Kampf gegen die Tradition, als sich auf die Tradition zu stützen.

Auch wir, die wir uns entschlossen haben, uns ändern zu wollen, mögen aber, indem wir in unser Schicksal unter dem Vorwand eingreifen, uns der westlichen Entwicklung zuzuwenden, davor bewahrt bleiben, unsere Tradition zu ruinieren, ohne dass wir zum Wesen der Entwicklung gelangen. Wenn auch Ablehnung und Kritik an der Tradition und ihr Neuaufbau erforderlich sind, so ist hierzu allein ein Volk in der Lage, das über eine Identität verfügt. Ein Volk ohne Tradition ist eine Ansammlung ohne Gedanken und Willen, bestehend aus sich ihrer selbst nicht bewussten und unselbständigen Individuen, deren Leben dem Strom des Schicksals ausgeliefert ist.

Abgesehen davon kann allein die Entschlossenheit der Intellektuellen oder Politiker die Tradition nicht auslöschen. Die Tradition ist zu tief verwurzelt, als dass man sie so einfach ausreißen könnte. In Anbetracht ihrer Verwurzelung in den Tiefen der Seele der Gesellschaft kann dieser unbedachte Kampf die Probleme der Gesellschaft nur vermehren.

Also kann man weder die Tradition so einfach auslöschen, noch darf man sich unüberlegt an solch ein gefährliches Unterfangen machen. Man muss die Tradition als eine der tragenden Säulen der eigenen historischen Identität ansehen und darf die Gesellschaft nicht unter dem Vorwand der Modernisierung ihrer Identität berauben.

Alles, was gesagt wurde, bedeutet aber keineswegs, dass man sich der Tradition bedingungslos überlässt, denn meiner Ansicht nach ist die Tradition, wie die Zivilisation auch, (und sogar ihre sekundären Erscheinungsformen) etwas vom Menschen Geschaffenes und somit veränderbar. Wenn wir sogar an die feststehenden Dinge im Bereich des geistig vernünftigen, bewussten Lebens des Menschen glauben, müssen wir akzeptieren, dass ein großer Teil all dessen, was wir Tradition nennen (wenn nicht gar alles), ein Produkt des Menschen ist und beeinflusst von den sozialen, konkreten historischen Bedingungen der Gesellschaften. Infolgedessen ist sie veränderbar und nicht ewig und heilig.

Der pausenlose Wandel der Traditionen (manchmal schnell, manchmal langsam) im Verlauf der Geschichte ist der wichtigste Beleg dafür, dass Veränderung eintreten wird. Wichtig ist, wie man sie annimmt und inwieweit der Mensch willentlich (und nicht von den Ereignissen erzwungen) bereit ist, daran teilzunehmen.

Die Tradition wandelt sich notgedrungen. Aber ist es trotz des Verlangens, des Bedürfnisses und des sich verändernden Lebens des Menschen auch wünschenswert, die Traditionen zu bewahren, wenn man sie nur mit Kunstgriffen aufrecht erhalten kann?

Tradition ist etwas vom Menschen Geschaffenes, und nichts, was vom Menschen geschaffen ist, darf die Existenz des Menschen, der wesenhaft und potentiell unbegrenzt ist, einengen. Eine Tradition aufrechtzuerhalten, deren Zeit abgelaufen ist, bedeutet, dass man eine enge Schablone auf das Wesen der unendlich großen menschlichen Seele presst. Selbst wenn so etwas möglich wäre (es ist langfristig nicht möglich), so wäre es ein Verrat gegenüber dem Wesen des Menschen und würde eine Schädigung seiner Seele nach sich ziehen.

Der Mensch findet zu einer besonderen Beziehung zum Dasein, und in Folge dieser Beziehung kommt die Zivilisation zustande. Die Auffassung des Menschen bezüglich dieser Beziehung bringt die Kultur hervor, und wenn die kulturellen Prozesse, die in der Form von Gewohnheit in der Seele ablaufen, mit einer neuen Situation konfrontiert werden, werden sie als Tradition betrachtet.

Tradition ist abhängig vom Begreifen, von der Neigung und von der Auffassung des Menschen. Das Begreifen, die Neigung und die Auffassung sind etwas Natürliches, aber nichts Dauerhaftes. Wandel ist nicht unvereinbar mit den dauerhaften Dingen, die im Sein und sogar im menschlichen Wesen vorhanden sind, weil die Existenz von etwas Dauerhaftem niemals bedeutet, dass unsere Auffassung davon stets von Dauer ist. Sind etwa das Verständnis und die Auffassung des Menschen über das Erhabene und Heilige im Laufe der Geschichte stets gleich und beständig geblieben? Kultur und Tradition haben mit Verstehen und Auffassung zu tun.

Der wichtigste Punkt ist: Wenn die Vernunft und die Auffassung die Form der Gewohnheit annehmen und der Mensch dazu Zuneigung fasst, dann wird es sehr schwierig, sein Herz vom Ursprung oder den Phänomenen der historischen Erinnerungen eines Volkes und einer Gesellschaft zu lösen. Das Problem verschärft sich dann, wenn die Traditionen religiösen Charakter annehmen. Das heißt, die begrenzten Traditionen und Auffassungen der Menschheit werden zu etwas Erhabenem und Heiligem. In diesem Fall wird jegliche Kritik an diesen Auffassungen und Gewohnheiten als unerlaubte Neuerung *(bid'at)*, Abkehr von der Religion, Ketzerei und Abweichlertum angesehen, und der Kampf gegen diese ketzerischen Neuerer wird als heilige und erhabene Sache betrachtet. Aus diesem Grund ist das erwähnte Problem in den religiös geprägten Gesellschaften größer und gefährlicher.

Gewiss bedürfen unsere Gedanken und unser Leben des Wandels, des Wandels in den Einsichten und in den gesellschaftlichen Beziehungen. Ohne Zweifel stellen die Traditionen die großen Hindernisse für den Wandel dar, aber die unbedachte Abschaffung der Traditionen ist weder so leicht möglich, noch, sofern sie möglich ist, erwünscht, weil sie die Gesellschaft ihrer für den Wandel unentbehrlichen Identität beraubt. Der rechte Weg ist der: Wir selbst sollten bewusst und aufmerksam bei diesem Prozess des Wandels und des Neuaufbaus der Tradition, als etwas vom Menschen Geschaffenes, anwesend sein und daran teilhaben.

Ich werde den Inhalt nun zusammenfassen und abschließend behandeln.

Unsere Gesellschaften benötigen den Wandel und die Weiterentwicklung. Aber wir müssen uns bewusst sein, dass Entwicklung im ihrem westlichen Sinn nur eine Form des Wandels darstellt und beileibe nicht ihre einzige Form. Diese Entwicklung ist die Folge der Entstehung und der Erweiterung der neuen Identität im Westen, die in Anlehnung an die Tradition und mittels der Erinnerung an die historische Vergangenheit den Boden für das neue Verständnis vom Dasein und vom Menschen bereitete.

Der westliche Mensch erreichte zunächst nach einem schwierigen und langwierigen Prozess und durch einen Sturm von Spannungen und Auseinandersetzungen hindurchgehend ein Stadium der Entscheidung und des Entschlusses. Gedanken, Gefühle, Wahrheitssuche, Rivalität, Begehren, Rachsucht und hochfliegende Träumerei gingen Hand in Hand, so dass die Modernisierung und die Entwicklung zustande kamen.

Wir leben in einer Epoche, in der die Schwachpunkte der neuen Zivilisation und ihrer Seele, nämlich die Modernisierung, nicht nur außerhalb der westlichen Welt sondern auch im Westen selbst deutlicher als früher sichtbar geworden sind, in einer Epoche, in der die Modernisten auch die Vervollkommnung, das sichere und gute Ende des Weges und ihre eigene Arbeit anzweifeln. Das Bewusstwerden dieser Tatsache zwingt uns dazu, uns vor blinder Hingabe an die Maßstäbe der westlichen Entwicklung zu hüten. Andererseits kann man nicht gleichzeitig die Tradition als etwas Heiliges und Unveränderliches ansehen. Tradition ist etwas vom Menschen Geschaffenes und unterliegt Kritik, Ablehnung, Akzeptanz und Veränderung. Daher stehen wir vor zwei vom Menschen geschaffenen Dingen. Das eine wurzelt im Kern der Seele und der Gesellschaft, und das andere ist von außerhalb gekommen und beherrscht unser Leben: Tradition und neue Zivilisation. Wichtig ist, dass wir diese beiden Dinge als vom Menschen geschaffen ansehen und nicht als absoluten und wünschenswerten letztgültigen Endpunkt, so wie viele verknöcherte Traditionalisten und vorgeblich Modernisierte, die von dieser Phantasievorstellung befallen sind. Was also kann man tun?

Gestatten Sie mir an dieser Stelle, auf der Suche nach einem Weg zur Wahrheit ein wenig die Phantasie spielen zu lassen. Dieses Phantasieren nimmt eine sehr bedeutende Rolle im individuellen und physischen Leben des Menschen ein, und in manchen Fällen ist seine Rolle sogar wichtiger als die des Verstandes. Denn der Mensch bricht manchmal in einer Sackgasse, wo der Fuß des Verstandes im Lehm stecken bleibt, mit den Flügeln der Phantasie aus dieser Sackgasse wieder aus, und somit eröffnet sie ihm einen neuen Horizont und gewährt ihm Bewegungsfreiheit. In der Gesellschaft von Wissenschaftlern und Forschern ist womöglich das Phantasieren nicht mit dem

Verstand und der Vorsicht vereinbar. Aber an einem Schauplatz, an dem die Wissenschaftler und Denker auf dem Vehikel des reinen Wissens und Denkens noch nicht in der Lage waren sich zu bewegen, ist das Phantasieren wohl nicht unerwünscht. Wie viele Phantasien haben bereits den Weg für die Wissenschaftler und Denker in Richtung einer besseren Zukunft bereitet! An einer Stelle, wo die Sprache des Wissens stammelnd und stumpf ist, verstößt die Phantasie nicht gegen das Urteil des Verstandes; freilich keine reine Phantasie, sondern eine Art von Phantasie, für deren sinnvollen Inhalt man viele wissenschaftliche und empirische Indizien anführen kann.

Damit meine ich: Um festzustellen, was heute ist, müssen wir das Morgen betrachten. Damit wir imstande sind, ein richtiges akzeptables Bild des Morgen zu erhalten, haben wir keine andere Möglichkeit, als unser Gestern zu begreifen, uns mit ihm auszusöhnen und uns mit ihm anzufreunden.

Das Morgen ist ein Tag, wo die Menschheit weiter hinaus schreitet als die heutige Zivilisation, ein Tag, der bestimmt kommen wird, und diejenigen werden das Morgen schneller erblicken, die gerade heute das Gestern kennen. Nicht wie die unflexiblen Anhänger der Tradition, die im Gestern gefangen sind, und nicht wie die heutigen oberflächlichen Menschen, die in der Fessel der Hegemonie und der Scheinwelt des Heute gefangen sind.

Warum sollen wir nicht auf die Zivilisation, die in der Zukunft kommen wird, einen Blick werfen, und unter diesem Gesichtspunkt und der Hinwendung zu ihr nicht einen konstruktiven Wandel zustande bringen? Freilich gründet diese hochfliegende Betrachtungsweise darauf, dass man zwei Dingen gegenüber Kritik an den Tag legt: Kritik an der Tradition und Vorbereitung der Akzeptanz, diese zu ändern, und Kritik an der Modernisierung als einem vorübergehenden Stadium im historischen Leben der Menschen und nicht dem letzten Stadium der Vollkommenheit der Geschichte.

Freilich bedeuten das Eintreten in die Zukunft nicht Negation und Zerschlagung des Heute. Diejenigen schaffen Zivilisation und besitzen das Morgen, die ein solches Stadium der Reife, des Bewusstseins und des Mutes erlangt haben, dass sie sich alle Errungenschaften des Denkens und die Erfahrungen des heutigen Menschen aneignen können.

Wir sind nicht dazu verurteilt, im System der neuen Zivilisation aufzugehen (es sei denn, wir glauben nicht an die Rolle der Freiheit und der Selbstbestimmung des Menschen, die natürlich stark unter dem Einfluss historischer, gesellschaftlicher und milieubedingter Faktoren stehen, jedoch nicht von ihnen gefangen sind), aber wir können nicht auf so viele große wissenschaftliche, gesellschaftliche, politische, Werte stiftende Errungenschaften verzichten. Warum sollen wir nicht in der Lage sein, dadurch dass wir über das Heute hinausgehen (das heißt, unsere Kritik an zwei Punkten festzumachen: Kritik an der Modernisierung und an der Tradition) ein neues Verhältnis zur Existenz zu finden und in den Besitz einer neuen Einsicht zu kommen und unter deren Schirm eine neue Zivilisation zu schaffen, die gestützt auf unsere identitätsstiftende Vergangenheit und die Ausnutzung der erstaunlichen Errungenschaften der modernen Zivilisation selbst ein neues Stadium im Leben des Menschen darstellt? Gerade wir haben in der Geschichte vormals eine Zivilisation geschaffen, und die Ausbreitung dieser Zivilisation beeinflusste das Schicksal der Welt und der Menschen. Warum können wir nicht noch einmal eine Zivilisation erschaffen? Freilich nicht unter Rückwendung auf die Vergangenheit, um dort zu verharren, was gerade eine Rückschritt wäre, sondern um einen sicheren Standplatz zu finden, um von der Gegenwart ausgehend voranzuschreiten, und, gestützt auf unser Heute und Gestern, eilends in Richtung Zukunft aufzubrechen.

Reihe « Neweschtar » bei deux mondes

Bereits erschienen:

Mudjmal at-tawārīkh wa-l-qiṣaṣ:
Eine persische Weltgeschichte aus dem 12. Jahrhundert

nach den Handschriften Heidelberg, Berlin, Dublin und Paris herausgegeben und bearbeitet von Seyfeddin Najmabadi und Siegfried Weber

ISBN 3-932662-03-2

deux mondes 2000